影响者

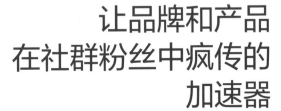

（比）卡罗尔·拉马克 著

徐秋兰 译

让品牌和产品
在社群粉丝中疯传的
加速器

Influencers

Who are they?
Where do you find them?
And how do they light the fire?

U0368066

化学工业出版社

·北京·

© Carole Lamarque & Lannoo Publishers nv , Tielt , 2018.
Original title : Influencers : Who are they ? Where do you find them ? And how do
they light the fire ? Translated from the English language
www.lannoo.com
The simplified Chinese translation rights arranged with Lannoo Publishers through
Rightol Media.

本书中文简体字版由 Lannoo Publishers 授权化学工业出版社独家出版发行。本书中文简体版权经由锐拓传媒取得（copyright@rightol.com）。

本版本仅限在中国内地（不包括中国台湾地区和香港、澳门特别行政区）销售，不得销往中国以外的其他地区。未经许可，不得以任何方式复制或抄袭本书的任何部分，违者必究。

北京市版权局著作权合同登记号：01-2019-6254

图书在版编目（CIP）数据

影响者 /（比）卡罗尔·拉马克著；徐秋兰译 . —北京：化学工业出版社，2020.1
ISBN 978-7-122-35833-2

Ⅰ . ①影… Ⅱ . ①卡…②徐… Ⅲ . ①市场营销学Ⅳ . ① F713.50

中国版本图书馆 CIP 数据核字（2019）第 275558 号

责任编辑：郑叶琳　张焕强　　　　　　　　　　　　装帧设计：尹琳琳
责任校对：宋　玮

出版发行：化学工业出版社（北京市东城区青年湖南街 13 号　邮政编码 100011）
印　　装：凯德印刷（天津）有限公司
710mm×1000mm　1/16　印张 10½　字数 120 千字　2020 年 6 月北京第 1 版第 1 次印刷

购书咨询：010-64518888　　　　　　　　　　售后服务：010-64518899
网　　址：http://www.cip.com.cn
凡购买本书，如有缺损质量问题，本社销售中心负责调换。

定　　价：58.00 元　　　　　　　　　　　　　　版权所有　违者必究

前言

在本书中，我，卡罗尔·拉马克，将与你们分享关于影响者营销的所有必要知识。总体而言，本书将探讨影响者营销的理论、战略及实施方法。除此之外，书中还不时穿插以下几个版块：

"镜像"版块将以影响者的视角剖析影响者营销。在这里，你将学习如何以（未来）影响者的身份打造个人品牌、与公司打交道以及创造有价值的内容。

这一版块将以丰富的案例研究向你展示影响者营销在当今社会的应用。在这里，你将学习影响者营销的投资回报，并且为自己的营销活动找到灵感。

![地球仪]

见解

外部专家的见解增加了本书的深度。在这一版块，备受尊重的商业领袖、营销人员、影响者及学术界人士将分享他们丰富的知识和经验。

![旗帜]

行动！

这些"行动"任务将在你背后温柔地推一把，促使你迈出影响者营销正确的第一步！

目录

第1章

影响者营销:

是什么和为什么

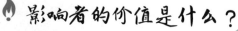 影响者营销是什么?

 影响者营销是如何起源的?

 影响者的价值是什么?

"公司每向影响者营销投资1欧元就可以获得65欧元的平均回报。"[1]

　　我应该在开头就透露本书的终极秘密吗？如果你觉得自己已经很熟悉影响者营销，那么你可能完全错了。因为你了解到的所有关于美国的规律未必适用于你所在的地区。本书的口号应该是"往小处想"，而不是"往大处想"。这正是我们在接下来几章要做到的事情。

　　本书将以正确的角度剖析影响者营销。影响者营销将在你的整体创新营销战略中占据一席之地。在这里，公司领导人、首席营销官（CMO）及业务营销人员将逐步学习如何通过往小处想，利用影响者营销创造惊人的营销效果。

　　让我们从影响者营销的起源说起。口口相传的广告方式存在已久。然而，在20世纪90年代初之前，专家、名人乃至记者并没有独立接触普罗大众的渠道。此外，那时候的消费者不像现在这样厌烦广告，那时候的情况与现在不同。人们曾经被灌输的观念是："只有在被问及的时候，才发表意见。"如今，社交媒体及其他事物的出现使得人们更容易在"未被问及"的情况下发表意见，这种行为也更为社会所接受。

　　换言之，影响者营销并不属于传统的营销领域。然而，这不妨碍它在你的营销和媒体组合中占据一席之地。证据何在？你只要看看谷歌趋势（Google Trends）就一目了然了。自2016年初，影响者营销带来的利益一路飙升。

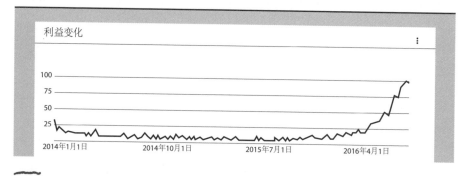

谷歌趋势——"影响者营销"的结果

即将消亡的谬见

　　关于影响者营销，人们有着许多谬见。这对于一个相对年轻并且正在经历成长阵痛的营销领域而言是正常的。如果这个概念被夸大或低估，也是在所难免的。本书将以严谨的论据、确切的数据以及具体的案例消除最根深蒂固的谬见。接下来几章将消除以下7个谬见。所以现在就和它们说再见吧！

1. 你必须向影响者支付酬劳。
2. 你需要名人来创造有效的影响者营销。
3. 影响者营销的投资回报（ROI）无法测量。
4. 影响者营销不适用于企业对企业（B2B）公司。
5. 在小规模市场中，影响者的影响范围有限。
6. 你无法将宣传任务委托给影响者。
7. 你无法组织大规模的影响者营销活动。

供应与需求

影响者营销是时代的产物，互联网将其推向巅峰。数字革命使传播变得大众化。如今，人与人之间互相联系，每个人既是信息的发送者，也是信息的接收者。

我们每天在谷歌上进行超过30亿次的搜索，以寻求我们当下需要的信息。[2] 同时，我们自己也在社交媒体上发布了不计其数的信息。我们每分钟在YouTube上传长达300小时的视频 [3]，在推特（Twitter）上发布35万条推文 [4]。此外，我们建立了社交网络，可以在几秒钟的时间内接触到半个地球的人。据此，普通的消费者摇身变为"内容创造者"，影响着一大群人。这就是影响者诞生的缘由。

新技术很大程度地扩大了影响者的影响范围，而他们的影响力恰好是传统的营销模式所欠缺的。你每天能看到多少广告？我们姑且忽略互相矛盾的研究数据，假设数量在几百到几千之间。这样大规模的广告轰炸在人们（至少普通人）身上留下了伤疤。作为营销专业人士，你对广告的兴趣可能（远远）超过平常人，但是我相信，你知道很多人会故意无视广告横幅，甚至有些人还有慢性广告疲惫症。

这就是越来越多的人在电脑上安装广告拦截软件以及在电视上快进广告的原因。这也是其他消费者的推荐越来越占据重要地位的原因。据麦肯锡（McKinsey）调查报告 [5]，口口相传的推荐在20%至50%的购买决定中起到决定性作用。为何？因为我们已经厌倦了大众传播，但是仍然十分看重他人的意见。这意味着你可以通过影响者向其他媒体无法触及的人群传递信息。此外，你还可以选择恰当的方式向他们传递信息。

影响者营销和口口相传营销

影响者营销只是变相的口口相传营销吗？不是，但是它们之间存在共同点。与公司的大众传播方式不同，它们都是人对人（H2H）的传播，既可以是企业对客户（B2C），也可以是企业对企业（B2B）。

然而，从接收方的角度看，影响者营销与口口相传营销存在不同点。口口相传通常指一对一的关系。新邻居向你推荐附近最好的面包店，或者新同事告诉你她更喜欢合作的供应商。但是通过影响者营销，你只需要一个推特账号，数千名粉丝就可以同时了解镇里最受好评的面包店。这就使影响者营销成为加强版的口口相传营销。

简而言之，优秀的影响者能够将个人信息大范围地传播出去。与此同时，他也在不断地加强个人品牌效应。实际上，他进行的是个人品牌对消费者（PB2C）的营销模式，重点在于个人，因为"个人风格"（即他自己的个性）就是他的商标。

影响者营销和社群管理

同理，影响者营销和社群管理并非同一个概念，尽管有时候它们是相辅相成的。现在许多决策者都很熟悉社群管理。在许多活跃的传播平台（比如论坛或者社交媒体）上，社群管理者尝试以自身品牌或者公司的身份与顾客和粉丝展开对话。这些管理者替组织发声，回答消费者的问题，加强顾客与公司的联系。

影响者的任务并不是去主持这种互动。他们的作用发挥在更早期的阶段。以比利时足球协会（Belgian Football Association）在脸书

（Facebook）的页面为例：该账号拥有超过50万的粉丝，但是粉丝的参与度很有限，官方大部分的发文如同石沉大海，回应者寥寥。这就是影响者发挥作用的时候了。他们输出的内容可以在人多且被动的社群中产生滚雪球效应。一旦他们将雪球滚动起来，社群管理者就可以得心应手地利用滚滚如潮的粉丝回复进行更好的组织建设。

影响者和利益相关者

玻璃爱好者社区玻璃根（Glassroots）的联合创始人艾尔克·尤里森（Elke Jeurissen）是利益相关者参与的专家。她是如此定义利益相关者的："利益相关者是对你的组织产生正面或负面影响的个人或者组织。比如对镇议会而言，全镇的居民都是利益相关者，但是只有少数几个呼声最大的人才是真正的影响者。"

此外，尤里森还认为影响者营销和利益相关者参与的目的有所不同："影响者营销的目的顾名思义就是达到营销效果。利益相关者参与的应用范围则更加广泛。你通过与利益相关者建立友好关系来发展竞争优势。这个优势有时候指营销回报，有时候只是让利益相关者参与到公司战略中来。他们的外部输入可以增强你的实力。"

"再次以镇议会的例子做更具体的阐释。镇议会的公共工程议员希望在一块特定的区域建造一个新的公园，他该怎么办？他的第一步就是利用该区域若干具有领导力的居民进行影响者营销，以此为提案奠定广泛的民意基础。这之后，他才会向受影响的居民寻求公园建设的相关意见。据此，他才能成功地让所有利益相关者参与进来。"

影响者和品牌大使

品牌大使和影响者同样存在重要差异。根据定义，品牌大使始终对你的品牌进行正面宣传。优秀的CEO（Chief Executive Officer，首席执行官）必然是品牌大使。这是苹果公司前任CEO史蒂夫·乔布斯（Steve Jobs）和现任CEO蒂姆·库克（Tim Cook）深谙的道理。公司有时候也会从外部寻找和发展自己的品牌大使，他们是公司的"福音传道者"，将关于公司产品的好消息（通过访谈、互联网、报纸等）传递给充满期待的人们。

例如，盖伊·川崎（Guy Kawasaki）曾是苹果公司的首位"软件传道者"，后来又成为"首席传道者（首席宣传官）"。现在他为设计工具Canva做同样的事情。传道者有着强大的个人品牌效应和广泛的影响力。因此，他们有时可以由品牌大使的身份转变为影响者。但是这个道理反过来不成立。举一个简单的例子：如果一位具有领导力的环保积极分子不断就水压致裂①问题抨击你的公司，那么你不能称其为品牌大使。但是她无疑是一位影响者，你必须考虑她的意见及影响。

---

①一种提高油井产量的措施。通过压裂设备向裂缝中挤入支撑剂以改善油井附近的油层渗透性。
——编者注

Reed MIDEM
让演讲者为活动预热

每年，Reed MIDEM都会举办法国戛纳国际影视娱乐展览会（MIPCOM）以及其他活动，MIPCOM是每年一度的娱乐内容（比如电视节目）国际展览会。2014年，他们首次决定让最有影响力的演讲者提前为活动预热。通过Social Seeder工具，演讲者受邀在推特、脸书、领英（Linkedin）等平台上发布现成的帖子。据Reed MIDEM估计，他们通过这种方式获得了15 000名潜在粉丝。一年之后，他们加大宣传力度，让每个人都可以注册成为"展览会大使"（可以获得免费门票和其他优惠）。这些大使又带动了超过61 000名新粉丝。

下定义时间！

不同的研究者看待影响者营销的角度不同。本书以我自己的定义为基础，为后续从理论走向实践提供了整体的指导方针。我们从《牛津英语词典》（*Oxford English Dictionary*）对"Influence"（影响）的定义出发。

> "影响是指对某件事物或者某个人的个性、发展或者行为产生作用的能力或者作用本身。"

由此，我在本书中将影响者营销解读为：

　　"影响者营销是一项以强化营销信息在消费者之间的传递为目的，由影响者通过与语境相关的、有意义的宣传说服他人采取消费行动的行动计划。"

　　或者稍微调整一下措辞：作为营销人员，你需要引导影响者向公众宣传你的品牌、产品或者服务。你的方式有很多种，比如，通过分享独家消息讨好他们，为他们提供现成的宣传内容，与他们共同创造新的宣传内容等，可能性几乎是无穷无尽的。

　　你想知道最佳方式吗？请继续阅读本书的案例分析以及第5章至第8章关于影响者营销具体实施方法的内容。你希望自己的行动建立在坚实的理论基础上吗？或者你希望在组织里发挥战略性作用吗？请继续阅读，你将在接下来几章中学到关键知识，可用于指导同事。

影响者营销能为公司贡献什么

　　影响者营销的发展历程恰恰证明了其存在的必要。传统的营销方式越来越不得人心，正逐渐被影响者营销替代。通过影响者，品牌方可以如愿以偿地触动消费者内心，促使他们做出购买决定。以下几项关键数据清晰地表明了影响者营销的潜在影响力：

1. 普通在线用户28%的时间花在社交媒体上；[6]

2. 47%的千禧一代表示，社交媒体影响了他们的购买决定；[7]

3. 到2020年，63%的手机展示广告将会是本土广告；[8]

4. 67%的消费者做出购买决定是基于用户创造的内容；[9]

5. 90%的消费者在购买产品之前会浏览在线评论；[10]

6. 91%的人已经在根据个人推荐购物了。[11]

这些令人印象深刻的数据正是独特、创新的影响者营销带来的结果。影响者参与到真实的人与人的关系中。从定义看，公司不可能做到如此。换言之，影响者不仅在某种程度上承担了大众传播的工作，而且还表现得更出色。因为即使在传统营销的黄金年代，消费者对品牌的信心也没有像今天对影响者的信心那么坚定。

这种互相信任的关系是宝贵的。粉丝们对影响者的每一句话深信不疑，高度重视他的意见和推荐。你能够将人们对影响者的信心转化为对你的产品的信仰吗？如果你能做到，那么你将遥遥领先于你的竞争者，让他们望尘莫及。优秀影响者的作用非常关键，因为他懂得在恰当的时机以恰当的内容吸引粉丝。

此外，一位影响者还能让你联合其他影响者。如果你能让行业内5 ～ 10位最有影响力的人为你代言，那么你将迅速抢占先机，让竞争对手猝不及防。

影响者营销为什么不是所有人的选择

你的脑海中是否有一个微弱的声音，它在说："如果影响者营销如此强大，为什么不是每个人都去做呢？"原因有很多种。首先，不是每一个营销人员都愿意重新学习全新的模式。其次，有些人不愿意失去对终端营销产品的掌控权，毕竟在影响者营销模式中，最终决定传递何种信息的是影响者。最后，与大的国家或地区相比，在小的国家或地区，影响者的影响范围相对较小，因此一些营销人员质疑是否值得花费这番努力。

但是这真的是劣势吗？太难入门？你已经有我这本书在手了。这意味着你不是一个懒惰、对新鲜事物充耳不闻的营销人员。恭喜你！害怕失去控制？你真的以为抛开影响者营销就能找到其他可以控制影响者言论的方式吗？无论你喜欢与否，他们都会议论你的产品，所以还不如亲自加入议论，这样至少还可以掌握一些话语权。影响范围有限？殊不知，这其实是一个隐藏的优势，因为这意味着你不太可能侧重于数量和影响范围，这可是真正的大众市场中主要的诱惑点。在规模较小的市场中，你会更本能地关注一项决定性参数：质量。

你应该感到庆幸：影响者营销如此富有价值，正是因为正在做的人寥寥无几。这就是真正的商业秘诀：抢在他人之前发现新事物的潜力。越早开始，潜在的回报越大。顶尖企业家、最有创意的营销人员和庸人之间的区别就在于这样的眼力。

你能想象如果每家公司都开展影响者营销会是什么样的景象吗？如果每位影响者与10个、15个或者20个品牌合作会是什么样的景象？人们对影响者营销的信心和信任会很快被消磨殆尽，营销信息则会泛滥成灾。简而言之，我们会重新回到被传统广告轰炸的世界。面对内容过剩，消费者会对影响者产生厌倦情绪，正如他们现在对广告感到厌倦一样。若干年之后，也许会有一本书出现，宣告影响者营销已经风光不再，取而代之的是……随便哪种模式。

幸运的是，这是未来好几代营销者需要面临的挑战。你目前在行业中发现了影响者营销的迹象吗？没有？那就是好消息：这意味着你的潜在投资回报还是很可观的。请阅读本书，学习如何独享整个影响者营销的蛋糕，避免你的竞争者从中分一杯羹。下一章中，我将带领你们进入影响者的世界。

B2B领域中的影响者营销

  影响者营销在消费品领域的根基最为牢固。例如，比利时国际球星埃登·阿扎尔（Eden Hazard）可以在Instagram（照片墙）上与1100万粉丝分享他的耐克（Nike）足球鞋。在B2B领域，影响者营销的作用没有这么明显。即使如此，作为公司领导的你也必须敢于将部分创意控制权交给影响者，正如在B2C市场一样。另外，请谨记：要将营销内容的质量作为重中之重，而不是数量和影响范围。这么做能提高你在影响者营销中的成功概率，毕竟目前在B2B领域中影响者的竞争没有这么激烈。

  你的产品和服务甚至不需要很热门。以Tech Page One为例：这是戴尔（Dell）公司为IT专业人士创建的博客社区。这家科技巨头邀请经验丰富的IT记者在网站上发表与云计算等应用相关的博文：这并不是世界上最热门的话题，也不会有人想要将其做成花哨的YouTube视频。但是没关系，云计算本身对IT管理员来说意义重大，这已经足以让他们有兴趣阅读这些复杂的博文了。只要购买决定是由真实的人做出的，而不是机器人，那么你就可以通过影响者营销获得成功。

影响者营销：是什么和为什么

起源

以下三个领域的发展促成了影响者营销的快速崛起。

 技术

通过社交媒体，消费者现在不仅可以从可靠资源中获取自己想要的信息，而且还可以独立地接触到大规模的受众。

文化

人们不再拒绝在未被问及的情况下发表意见，反而是对此欣然接受且重视。

广告

消费者对公司的大众传播感到厌倦。

提示

往大处想？

错了，在小的地区，你需要往小处想才能获得大效果。

定义

"影响者营销是一项以强化营销信息在消费者之间的传递为目的，由影响者通过与语境相关的、有意义的宣传说服他人采取消费行动的行动计划。"

第2章

影响者是什么样的

- 🔥 谁是影响者？

- 🔥 如何以及为何细分影响者？

- 🔥 微型影响者和巨型影响者的区别是什么？

"能够开创潮流的杰出人才已然存在，

你需要做的只是找到他们。"

马尔科姆·格拉德威尔（**Malcolm Gladwell**）｜《引爆点》（*The Tipping Point*）的作者

　　马尔科姆·格拉德威尔简明扼要地概括了影响者的力量。他们可以用信息感染他人。如果有一个影响者信任你的产品，他的热情可以感染数百甚至数千粉丝，这样你的品牌就可以几乎在瞬间获得大量新粉丝。如果有一个影响者不喜欢你的产品呢？你只能想方设法和这位影响者重建良好关系。在第4章，你将学到如何找到这些"杰出人才"。在此之前，你首先要知道如何识别他们，以及找到他们之后如何最好地经营影响者网络。

下定义时间！

　　学界对于影响者有着许多不同的定义。不过，你们已经知道我在本书中要采用哪种定义了。我在第1章已经给出了影响者营销的定义。以下是影响者的四个关键特质：

影响者是……			
一个人	他传播与语境相关的信息	这些信息意义非凡	以至于能够鼓动他人采取行动
影响者并不是一个组织或者公关部门，也未必是你的品牌大使或者粉丝	通过与影响者合作，你的品牌能够在合适的时间，以合适的方式触及合适的人	影响者与他们的粉丝关系密切，因此可以帮助你创造完全符合社群（也就是你的顾客）需要和期望的内容，从而帮助你在社群中建立公信力	这点很关键，因为正是由于这种特质，影响者才对公司有着重大价值。在理想的情境中，影响者创造的内容（比如产品评价）可以对消费者的购买行为起到决定性的指导作用

"增加网络存在感固然重要。但是让我们认清影响力的本质：存在感不等于影响力。存在感可以根据社交媒体粉丝数量来计算，但是影响力不可以。"

玛莎·吉芬（Martha Giffen）| 社交媒体营销战略家

神奇的公式？

上述定义为我们提供了影响者的理论框架。但是你该如何在茫茫社交媒体世界中识别出影响者？你又该如何评估他们的潜在价值？其中一个最简单的方法就是统计他们所有社交媒体账号的粉丝数量总和。但是如果你这么做，无异于将影响者营销视为大众传播的一种形式。但是在与大众传播的较量中，影响者极少胜出。而极少数影响者的影响范围则可以比肩国家电视台播放的或者报纸上刊登的广告。

不，这种衡量影响者营销潜力的方式是错误的。影响范围最广的影响者并不一定最能影响粉丝的行为。事实往往相反，因为影响范围最广的影响者更难取悦整个社群。这也是王（Wong）[12]这样的营销人员以及卡多娜（Katona）[13]这样的研究人员寻找可以量化影响者价值的公式的原因。如果想要知道影响者的价值，你需要考虑以下三个因素：

$$影响力 = 影响范围 × 参与度 × 相关性$$

1. 影响范围

影响范围是指影响者的粉丝数量总和。影响者的粉丝越多，你的品牌就有可能触及更多人。

2. 参与度

影响者的影响范围并不能说明他与粉丝的关系。影响者创造的互动（点赞、分享、回复）越多，他与粉丝的关系越紧密。

3. 相关性

你是否发现过拥有数千名粉丝并且持续与粉丝保持互动的人？如果发现过，那么你已经找到了潜力股。即便如此，他与你的品牌、产品或者服务的相关性可能为零。影响者营销的成功取决于影响者与你公司的相关性。比如，社会名人阿斯特丽德·布莱恩（Astrid Bryan）是推荐GingerLove姜茶的一个相关人选。她的粉丝会愿意分享这款超级酷的茶，也很可能购买这款茶。但是对于伊隆·马斯克（Elon Musk）而言，让布莱恩推荐特斯拉（Tesla）汽车也许不是明智的做法。关于高科技电动汽车的帖子在她的粉丝群中反响可能不会太大。影响者和公司的相关性不能单靠直觉来判断，还可以根据影响者粉丝的行为来评估。

有了这条公式，你就可以挖掘到影响者了吗？答案是肯定的，同时也是否定的，而且多数情况下是否定的。很抱歉！你还需要自己去权衡影响范围、参与度以及相关性三个变量的比重。这并不总是一件易事。公式是对比影响者的有用工具，有助于列出候选名单。当然，你同时还要综合考虑公司愿景和影响者营销的目标（参见第3章）。

公式还可以帮助你放眼影响范围以外的因素。如果让你在粉丝数分别为50 000和3 000的影响者之间做选择，你会很容易（几乎本能地）受到前者的诱惑。但是这未必是明智的选择。你必须始终关注这两个候选人与其粉丝的参与度和相关性。如果你在两个影响范围和相关性势均力敌的候选人之间犹豫不决，这时候就应该比较他们的参与度。

细分影响者

以影响范围、参与度和相关性为参数，你可以在行业中识别出最具影响力的影响者。但是即使如此，你的任务还没有完成。（剧透一下：你的任务永远无法完成。）因为你还希望你的影响者能够在不同时期创造不同的营销内容。为了使这个过程尽可能高效，你需要细分影响者。

影响者营销工具Traackr的创始人列出了10种影响者人设[14]。这可以作为细分影响者的有力基础。

名人

帕斯卡尔·纳森斯（Pascale Naessens）（畅销食谱作者）

"我的粉丝数量超过了根特（Ghent）或者乌特勒支（Utrecht）的人口。"

权威人士

马里恩·德布勒因（Marion Debruyne）
【比利时弗拉瑞克商学院（The Vlerick Business School）院长】

"我在专业领域的意见值千金。"

连接者

艾尔克·尤里森（玻璃根和Straffe Madammen的创始人）

"我喜欢将散落的拼图拼接起来。"

个人品牌

琳达·德·摩尔（Linda de Mol）（女演员兼主持人）

"我的名字就是最大的资本。"

分析者

伊姆克·库尔图瓦（Imke Courtois）（足球运动员兼体育频道Sporza的足球分析员）

"我创造和传播有价值的观点。"

积极分子

米歇尔·范登博什（Michel Vandenbosch）（GAIA 的主席）

"我的判断可以移动山脉。"

专家

卡罗尔·拉马克（杜瓦尔联盟的创始人）

"我写了一本自己专业领域内的书籍。"

知情者

米歇尔·茅斯（Michel Mous）（教授兼专栏作家）

"我是一个有自己规划的权威知情人。"

创新者

鲁迪·鲍威尔斯（Rudi Pauwels）（分子诊断公司 Biocartis 的创始人）

"我对事物提出质疑，并引发讨论。"

记者

维姆·德·普勒德（Wim de Preter）（《比利时时报》的商业记者）

"我是新兴新闻产业的代言人。"

然而，请记住独特的公司或者组织有着独特的细分方法。换言之，这些人设的细分并不是刻在石头上的死板文字，而是可塑造的陶泥。你需要不断地揉捏和塑造它们，直到满足你的需求。你的行业中可能没有积极分子？没关系，那就寻找另一群呼声甚高的人。

假设你经营着一家自行车头盔制造公司，那么增加一项"自行车发烧粉"影响者类别可能会对你有益。为何？因为这些都是拥有相关专业知识，并且喜欢（在当地自行车俱乐部或者网络上）讨论自行车和相关设备的人。此外，这些人的圈子也都是愿意为最好的设备烧大钱的人。

动态细分

你列出影响者细分清单了吗？这是一个好的开始！但是这也仅仅是一个开始，后面还有很多事情要做。（别说我没提醒过你！）你每次开展新的宣传活动或者营销行动，都需要重新评估人设细分情况。你当前的清单能够帮助你实现心中的目标吗？很不幸，多半情况下答案是否定的。有时候，把大类细分为小类可能对你有帮助。比如，你需要一位关注自行车头盔方方面面的行车安全专家，而不是宽泛的空气动力学专家。

> "与影响者合作，
>
> 他们会成为你一时的朋友：扶持他人成为影响者，
>
> 他们会成为你一世的朋友。"

李·奥登（Lee Oden）｜影响者营销专家

问问自己：是否可以添加一两个临时的类别？本次活动中有哪些群体的声音是缺失的？有时候这可能是一种"微弱的声音"：这些人目前虽然还不是影响者，但未来很可能是。请扶持他们成长，比如，为他们提供独家信息或者发声平台。这样也许可以让他们长期效忠于你，并且储备一群竞争对手意想不到的独特的新影响者。

让我们重新回到自行车头盔的例子。如果你计划下个月发布一款新的儿童头盔，你也许可以通过自行车发烧粉去影响一大群有小孩的自行车爱好者。但是为何不考虑有小孩的妈妈群体呢？她们往往是决定购买头盔的人，而且也会经常讨论最适合她们孩子的产品。

有了这一新类别就会给你更多的灵感。你也许可以拍摄一个强调头盔安全（这一直是宝妈们关注的重点）的视频，或者可以列出关于如何鼓励孩子们多使用头盔的小窍门。

能源行业中的影响者细分类别

　　一位能源行业的客户曾经让我帮忙划分出一个新的影响者细分类别，让他的公司获得竞争优势。最后，我们一起找到了一个尚未广泛发声，但是应该会带来积极效果的群体。他们就是"持家达人"（The Household Hackers'）。这个群体包括负责打理家庭开支的家庭主妇。她们喜欢节能，而且乐意在脸书等社交媒体上分享节省家庭开支（这被称为household hacks'）的小窍门。

微型影响者和巨型影响者

　　至此，你应该清楚了：规模不是关键；关键是你如何利用它。在小范围的区域内更是如此。在美国这样的大区域里，最受欢迎的影响者的粉丝数以亿计，比如泰勒·斯威夫特（Taylor Swift）或者贾斯汀·比伯（Justin Bieber）。稍微低级别的影响者也有数千万粉丝。但是在比利时以及荷兰，顶级的大咖也只能聚集两三百万的粉丝，第二梯队的影响者可能只有几万粉丝。不过，以上都只是规模的问题。除此之外，欧洲和美国的影响者在声望和类型方面很相似，他们都是爆红的名人、流行歌手、顶级足球运动员等拥有（根据当地标准）大量粉丝的人。

　　这些都是巨型影响者。他们在大众传播的背景下发挥的作用比在精确定向型的影响者营销中更大。此外，你还需要支付他们不少钱（有时候甚至是一笔巨款）。这种模式通常以赞助的形式存在，比如勒布朗·詹姆斯（LeBron James）和耐克签署的终身协议。

与此相对的是微型影响者，他们就是几乎不费钱却可以有效帮你卖出头盔的自行车发烧粉和年轻宝妈。你也许可以称之为"利基①影响者"。如果仔细筛选，你会发现他们在互动和相关性方面表现突出。此外，还有另一个优势：他们不仅不费钱，而且还愿意与你的品牌建立长期关系。

正如巨型影响者一样，微型影响者之间的影响范围差异也很显著。专注研发营销软件的美国公司Hubspot曾在一份白皮书中（近乎鄙视地）指出，在利基市场中，有时候影响者的粉丝数量可能"只有"13 000个[16]。在这个市场中，欧洲的情况同样与美国相差巨大。在比利时和荷兰，利基市场的影响者粉丝数量比上述还要少9成。但是不要低估这些人的影响范围。只要尝试组织一场需要邀请750人的活动，你很快就会知道动员这种规模的人群有多艰难。

拥有750 ~ 1 500个粉丝的影响者值得在大部分影响者营销计划中占据中心地位。很大程度上，这些微型影响者正是成就你最终营销目标的人：影响（购物）行为。有时候，他们甚至还可以激活巨型影响者。

---

①英语单词niche的音译，菲利普·科特勒将其定义为：更窄地确定某些群体，这是一个小市场并且它的需要没有被服务好，或者说"有获取利益的基础"。利基市场是与大众市场相对的概念。——编者

环法自行车赛中的"比利时人在巴黎"

宜必思酒店（Ibis Hotels）曾经咨询凯旋公关公司（Ketchum PR bureau）："作为主赞助商，我们拥有大量环法自行车赛的VIP冲刺观赛票。我们该如何最好地将其利用？"该公司随即想到了影响者营销策略。凯旋的社交媒体兼数字战略专家多拉·加西亚（Dora Gasia）草拟了一份策略："我们在社交媒体上寻找与自行车密切相关，并且符合宜必思酒店礼貌、忠诚、务实的宣传风格的人。

"我们根据关键词和过往合作记录在凯旋的影响者数据库中寻找人选。不过，最合适的人选往往诞生于同事之间简短的讨论中。随后，我们开始在一群候选影响者中试水。主要观察以下两点：他们有兴趣参与项目吗？他们如何看待项目的创新发展？最后，我们敲定最终名单，拿去与客户讨论。

"宜必思酒店最后选定目修自行车学院（Museeuw Cycling Academy）的数字营销专家斯特凡·马纳（Stefaan Maene）。他对自行车竞赛的热爱之情在整个佛兰德斯自行车圈子是毋庸置疑的。虽然他的粉丝数量不多，但是他的粉丝圈子与你要举办的自行车营销活动是高度相关的。此外，马纳活跃于各类社交平台（脸书、Instagram、Snapchat等），而且还有原创内容。最重要的是，他此前的良好合作记录让我们充分信任他。

"宜必思为马纳在巴黎提供了一整周的VIP服务，包括旅行、宜必思酒店住宿、自行车城市导览旅行、屋顶餐厅晚餐、能看到环法自行车赛冲刺阶段的香榭丽舍大街看台前排座位。期间不涉及任何的金钱交易或者特殊条款。条件有且仅有一个：他要以#宜必思队（#TeamIbis）为标签发帖子。最终，马纳的帖子影响了50 000人，引发了5 000次互动（点赞、回复、分享）。"

新闻快报：世界人口的一半是女性

> "这是见证企业家精神
>
> 和女性主义结合的十年。"

卡罗尔·拉马克

营销部门继续错误地将"女性"视为一个单独的类别。这可能是男性数量在营销领域占优势的原因。但是女性不仅仅是一个类别：我们占据了世界人口的一半！如果你意识不到这点，你将会亏钱。不过，解决这个问题的方法很简单：让更多的女性人才参与到你的营销和宣传战略中来。其中一个途径就是通过影响者，因为很多影响者都是聪明、富有洞见、积极进取的女性。

女性影响者看待产品的角度不同于男性。因此，她们可以提出更能打动女性目标群体的方法。艾菲·德·布鲁恩（Eifi de Bruyn）正是这样一位积极进取的女性影响者。她是造型师、《快乐指甲》（*Happy Nails*）丛书的作者、glamatheart.com网站的创始人，活跃于脸书、推特、Instagram和Snapchat等社交媒体。最近，著名手表品牌斯沃琪（Swatch）就利用了这位"魔法师"（她如此描述自己）的影响力和创新能力。德·布鲁恩得到斯沃琪的全权委托，在比利时通过4个Instagram帖子宣传全新的Pop Swatch系列产品。但她并不是唯一的代言人。

类似的宣传活动在超过30个国家展开，其中很多影响者都是女性，包括西班牙艺术家安娜·戴维斯·本尼特（Anna Devis Benet）、意大利时尚博主维罗妮卡·费拉罗（Veronica Ferraro）以及德国音乐家邦尼·斯特兰奇（Bonnie Strange）。德·布鲁恩在利基领域的影响力超乎你的想象。她在Instagram上拥有10 000名粉丝。另一个成功案例就是化妆师兼美容师克丽丝特尔·戴（Crystal Die）。她通过超级正能量的宣传，在Intagram狂揽12 500名粉丝，并与多个品牌建立合作关系。类似的女性大有人在，仔细寻找，你就会发现……

布鲁塞尔极客女孩晚宴

自2007年到2014年，克罗·维瓦尔兹（Clo Willaerts）定期组织布鲁塞尔极客女孩晚宴。该晚宴借鉴了英国极客女孩晚宴，旨在聚集布鲁塞尔的女性技术迷，提高她们的关注度。

维瓦尔兹表示：每一次活动都是由微软、诺基亚、三星这样的公司赞助的。这样我们就有资金向参宴的大概50名女性赠送礼品袋了。同时，她们还有机会赢得笔记本电脑、相机或者智能手机。这样的赞助商很容易找到。一年前，我与比利时电讯（Belgacom）旗下的Skynet共同针对比利时女性的媒体使用和购买行为展开研究。研究结果显示，女性通常是做出购买决定的人，而且数字人脉在这个过程中起到关键作用。

"这些极客女孩也高度活跃于社交媒体。她们原本不需要发表这么多关于活动的帖子，但是大部分人都会这么做。正是这种真情实感的流露让她们的推文和博文引发了如此大规模的互动。因此，她们的影响力和社交天赋顿时变得清晰可见，而且可测量。品牌方和公司往往可以在活动中看到自己的赞助带来的回报。"

如今，凯尔·沃特斯（Kel Wouters）成为"布鲁塞尔极客女孩晚宴"的扩大版"比利时极客女孩晚宴"的负责人。

影响者营销的三大致命缺点？

本章开头，我引用了马尔科姆·格拉德威尔描述影响者的名句："能够开创潮流的杰出人才已然存在，你需要做的只是找到他们。"格雷格·赛特尔（Greg Satell）不同意这种说法。在其文章《消灭影响者营销的三大理由》中，他反驳了格拉德威尔的名句，并从整体上否定了影响者营销，主要提出以下三大论据：

1. 比喻不恰当

赛特尔认为，关于单个影响者带动数千人的印象是错误的。他认为集体性的行为必定来源于集体性的力量。例如，足球场的墨西哥人浪就需要一群人来完成。如果他们成功了，就会产生滚雪球效应，从而带动其他人参与进来。

这点当然没错，但是赛特尔忽略了一点：在起浪的一小群人形成之前，需要一个人提出这个想法。

2. 说法无据可依

赛特尔指出，纵然影响者常常参与病毒式信息的传播，但是这不意味着他们一定是信息传播成功的主要原因。相反，其他外部因素也同样重要。

这点也没错。你不能指望影响者让每一条信息都爆发式地传播。但是这可以说明影响者营销没有价值吗？当然不可以！和大部分的公关和广告宣传活动一样，影响者营销也不能保证奏效。但是我更倾向于利用影响者来提高成功率。

3. 现实与理论有差距

赛特尔认为，我们应该忘掉直觉和科学研究，而去考察真实世界的情况。阿拉伯之春期间，很多人站起来反对政府，造成的一个结果就是，埃及总统胡斯尼·穆巴拉克（Hosni Mubarak）被迫下台，尽管他掌控了全国的媒体、关键利益相关者及影响者。

赛特尔声称，营销人员将传播信息的任务委托于屈指可数的几位"杰出"影响者的行为是愚蠢至极的。你真正需要做的是尽量多地接触普罗大众，让他们帮忙传播信息。这是个很巧妙的计划，但是不意味着影响者营销该消亡，反而证明了其存在的必要性。微型影响者正是点燃病毒式传播的火柴。没有火柴，你成功不了，除非你采用本生灯，而这意味着高昂的传播成本，是大部分组织无法承担的。

镜像

自己成为影响者？

你是影响者或者正在努力成为影响者吗？如果是，那么本书将以独特的视角为你剖析（你未来的合作伙伴）公司领导、CMO以及营销人员的想法。本书可以助你超越其他影响者。此外，你还可以从中找到许多为你定制的有用提示和专题模块。你将简洁明了地学习如何在影响者的竞技场中成功应对合作伙伴提出的挑战和目标。开始之前，我们要花点时间厘清几个问题，让你作为新手可以更好地出发。

从某种程度上说，每个人都是影响者。我们都会将某种产品或者服务的优缺点告诉家人和朋友。你很大可能也会在网上这么做。相比而言，成功的影响者以独特的内容和真实的方式持续传递这类信息，面对的观众群体远远大于亲友圈子。

因此你的第一个挑战是什么？独特的内容。不妨从Traackr的影响者人设细分（参见前文）出发。如果你能通过工作或者人脉获得独家消息，也许你（经与雇主磋商）可以将自己定位为某个利基市场的知情者。如果你擅长处理数据，那么你可以分析公开数据，并将其以更好的视觉效果呈现出来，以此创造附加值。没错，你也可以成为分析师！你还可以以个性取胜。从某种程度而言，个性是与生俱来的天赋。无论你称之为魅力、未知因素或者其他，个性完全是由上天注定的。

另一方面是"个人品牌"的问题。理想情况下，影响者是在市场中将自己包装为品牌的专家。为达到此目的，你可以选择以下方式：

- 在所有的传播渠道中创造独特并且统一的视觉风格；
- 针对你所在领域内的某个热门话题，提出与众不同、一鸣惊人的观点；
- 以辨识度高的方式传播信息，比如采用相同的开头、结尾或者座右铭。

如果你以原创、真实的方式分享独特的信息，你的粉丝数量自然会增加。为推动整个过程朝着正确的方向进行，你可以尝试以下微妙的营销方式：

- 在不同的社交媒体渠道中，定期发表新帖子；
- 撰写博客报告；
- 通过搜索引擎优化吸引更多的访客到你的网站；
- 成为 YouTube 上的内容生产专家；
- 确保自己在报刊和网络活动中拥有一定知名度。

通过这样的方式，你就可以成长为自己领域的影响者。这是一个不错的开始，但是并不意味着你的身份对于你想要合作的公司而言具有价值。

充分利用你的影响力

让我们回顾一下影响力公式：影响力 = 影响范围 × 参与度 × 相关性。为了增加你对公司的价值，你需要提高以上三个参数值。我们刚才讨论过影响范围，这是数字营销最纯粹的形式。你需要通过谷歌以及社交媒体增加新访客的数量，然后将其转化为粉丝。购买粉丝是扩大影响范围的一条捷径。

但是请小心：从定义而言，买来的粉丝相关性低，会降低你的参与度。在欧洲，参与度是区分一流和二流影响者的重要指标。鉴于此，最明智的选择是摒弃捷径，专注培养自己与真粉丝的关系，让他们响应你的博客帖子或者社交媒体更新，积极回复他们的所有问题。

第三个变量是相关性。问自己这些问题：你最感兴趣的是什么？你最想创造什么内容？你想和哪一家公司合作？很快你就会找到兴趣和合作伙伴之间的平衡点。

主动迈出第一步

如果你已经可以为某个相关的目标群体创造独特且真实的内容，那么也许在你自己出马之前，有合作意愿的公司就会主动找到你。如果他们没有主动找到你，你也要大胆、主动地向理想的公司自荐。以下5个小窍门能够使你的成功率最大化。

1.
归纳你的影响范围、参与度及相关性

这可以让联系人省去必要的调查工作，很快就能了解到你是谁以及你能提供什么。

―――

2.
说出你所属的影响者细分类别

这也可以节省联系人的时间，而且还表明你知道自己在说什么以及让对方清楚如何最好地利用你。

———

3.
紧扣微型影响者的价值

这可以促使联系人开展明智的影响者营销活动，以此彰显你的价值和专业知识。

———

4.
关注自我目标和公司目标的相互关系

这样你就可以快速以营销人员的视角与联系人沟通，以此共同寻求双赢的合作。

———

5.
提供大量关于营销内容的建议

大量富有创意的推文、视频、信息图可以让你以具体的方式快速彰显自己的创新和战略附加值。

与雇主妥善磋商

给影响者新手的最后一条忠告是：不要忘记你的日常工作，不要因为影响力活动影响你的主业。如果你突然成为网络巨星，这并不一定对你的雇主有益。万一你的个人品牌超过雇主CEO呢？更或者，万一你的帖子给公司的形象和产品造成负面影响呢？

因此，与雇主达成明确的协议至关重要，这可以将潜在的风险转化为双方的机遇，毕竟你在网络上有目共睹的专业能力能够从整体上增加组织的信心。通过这样的方式，你不仅成为雇主产品或者服务的展示窗口，而且还可以增强雇主品牌效应，因为每个人都喜欢和行业内的"大牌子"合作。此外，潜在的新雇员还可以看到公司为员工提供了个人发展的空间——这是当今就业环境中的重要加分项。

影响者是什么样的

影响者的定义

影响者是一个能够传递与语境相关的、有意义的信息，以此鼓动其他人采取行动的人。

影响力公式

影响力 = 影响范围 × 参与度 × 相关性

10 种影响者人设

名人	权威人士
连接者	个人品牌
分析者	积极分子
专家	知情者
创新者	记者

你可以根据自己的需求删除或者增加某个类别！

巨型影响者

大范围
参与度各不相同
相关性不确定

V.S

微型影响者

利基范围
参与度往往很高
在利基市场中有着很高的相关性

途径

在亲友圈子以外的人群中传播独特、真实的内容。

如何启动？

内容
发挥自身优势（内幕消息、数据向导等）。

真实性
投资个人品牌。

粉丝
吸引更多的访客，然后利用数字营销手段将其转化为粉丝。

第3章

确定影响者营销战略

- 🔥 公司战略和影响者营销存在什么关系？
- 🔥 你可以利用影响者营销实现什么目标？
- 🔥 何时与影响者展开合作？

"新的营销渠道并不意味着需要全新的战略。"

卡罗尔·拉马克

影响者营销是一种创新的营销模式。在前面的章节中，你已经窥见了这种新模式的潜力。在后面的章节中，我将展示影响者营销给公司带来的巨大能量。在此之前，我们首先需要确定影响者营销的范畴。

为何？因为影响者营销仅仅是媒体组合中的一种新的价值元素而已。换言之，你不应该只关注这一种渠道。将不同渠道合理地组合在一起往往能使利益最大化。因此，你需要将影响者营销加入现有的传统渠道或者新媒体渠道中。更好的做法是实现不同渠道的互相渗透。

采用新的营销模式不代表你需要重新起草全新的战略。这不仅是没必要的，更是不理智的。你的整体商业战略必须为公司的初衷服务，为公司指引方向。当然，前提是你的战略足够清晰和明确。

商业智慧源于自知之明

你的公司在市场中表现如何？迈克尔·特里希（Michael Treacy）和弗雷德·威尔斯马（Fred Wiersema）合著的《市场领导者的铁律》（*The Discipline of Market Leaders*）[18] 将市场领导者分为三类。他们在以下某一个领域有闪光点：

◆ 产品领导力（最优的产品）；

🔥 卓越运营（最低的价格）；

🔥 顾客亲密度（最佳的顾客导向）。

产品领导力

产品领导力的重要性不言而喻。想要以卓越的产品称霸市场，需要持续的产品研发和创新。

顾客愿意为市场上最优秀的产品花费更高的价格。商家则将赚得的利润用于大力投资新产品的研发。因此，产品竞赛是一场必须"步步为赢"的竞赛。近几年，诺基亚和黑莓双双被挤出局，苹果则持续锐意进取。不过，苹果最近也感受到了三星步步逼近的压力。

产品领导者塑造游戏规则，以求自身利益最大化。以特斯拉为例，它冒险投资电动汽车，最后成为其他所有汽车品牌的榜样。因此，人们现在讨论更多的是特斯拉，而不是其他具有传奇色彩的汽车制造商，比如法拉利。虽然法拉利目前的市场份额远超特斯拉，但是对于特斯拉屡屡掀起的讨论热潮，法拉利还是难以抑制嫉妒之情。

卓越运营

卓越运营（也可以称为成本领导力）能提高成功率吗？这需要你近乎永无止境地优化商业流程。由此，你才可以为顾客提供极简、高质、低价的产品。但是这种竞争优势隐藏着一定风险：在试图压低成本的过程中，有时会牺牲服务质量。社交媒体上是否已经开始出现关于服务水平的差评？这会给你的品牌价值造成负面影响，从而难以吸引新的顾客。因此，维持基本的产品质量和维护顾客关系至关重要。

提供低价产品是另一场永无止境的竞赛。只要竞争对手在效率上有新的突破，或者为了将你挤出市场而突然加大投资，你的利润空间就会立刻遭受挤压。在欧洲，瑞安航空公司（Ryanair）和阿尔迪集团（Aldi）是以低价取胜的典范。

顾客亲密度

顾客亲密度的焦点不在于产品和流程，而在于顾客。顾客就是上帝，他的问题和体验就是你关注的重点。你通过与最重要的顾客建立情感连接取胜。在理想情况下，你甚至不需要一个标准的产品，只需要了解顾客，然后根据他们的需求开发产品就可以了。在实际情况下，你需要灵活应对顾客提出的挑战和目标。

如果这就是你的商业战略，那么你不需要反复通过开展昂贵的广告宣传活动来说服顾客购买产品，他们自然会持续购买，因为你们的关系就像邻居一样。有时你甚至可以从字面上理解这句话。最佳的案例就是与自家附近的顾客合作。试想街头的那家三明治店吧，你可以在那里点到特制的午餐。你喜欢意大利面包卷加萨拉米，但是想将芝麻菜沙拉换成玉米沙拉？没问题：这对于忠实顾客来说问题不大！大公司如果能够建立这种"邻居式"的顾客关系，那么它们的产品就会卖疯！

如果可以的话，你当然希望在以上三个方面都做得很出色：最优秀的产品、最高效的流程、最强大的顾客关系。但是在现实生活中，你最好还是专攻一方面。对内，你可以将这个侧重点作为所有决策的依据；对外，你可以利用其创造一个独特的故事。

借用特里希和威尔斯马的话：如果你没有勇气将希望寄托于上述其中一个方面，你就永远无法成为市场领导者。不过，针对数字化的顾客关系，营销专家史蒂文·范·贝莱格姆（Steven van Belleghem）[19]提出了一个重要且微妙的看法。他认为几乎所有的新技术玩家都会关注成本领导力。多数情况下，自动化的广泛应用将使其变为可能。如此一来，顾客服务中的人工因素将会成为关键分水岭。布莱德·鲍尔（Brad Power）在《哈佛商业评论》中的《卓越运营遇见顾客亲密度》（Operational Excellence, Meet Customer Intimacy）[20]一文中对这种看法进行了总结。数字化的成本领导力将同时实现更高的效率以及更优质的人工服务，这两者是你在网络上取胜的必要条件。

尽管如此，你仍然需要在上述三种市场领导力中选择其一，因为你的资源是有限的。给每种领导力因素加权是个不错的方法。如果你百分之百地追求成本领导力，完全忽视顾客关系，那么你的顾客几乎肯定会投奔竞争对手。因此，三者之间需要达到均衡。无论如何，成本领导力必须占据较大的份额，但是请记住产品领导力及顾客亲密度也要占据一定的份额。

从"讲故事"到"造故事"

你知道你的组织最重要的目标是什么吗？如果你知道，那么你就知道讲故事的方向了。你的故事需要将公司定位转化为给顾客创造的附加值。你做这一切的原因是什么以及你如何做？影响者传递的信息需要与这个核心故事紧密相扣。

与"讲故事"相反，"造故事"给予影响者更好的舞台。"造故事"意味着组织的所有行动都会融入到故事中，而"讲故事"则意味着你的故事通常是由内部的营销及传播部门或者外部的公司管理的。在"造故事"过程中，故事成为组织内每个人的DNA。这不仅证明了故事真实性，还为与影响者合作培育了沃土。由此，你拥有了一个高起点：

🔥 你的组织已经拥有核心、灵魂以及公信力；

🔥 你的员工已经准备好为影响者提供创造原创内容的灵感；

🔥 你的目标群体已经融入到故事中。

以下6个问题能够帮助你评估自己在"讲故事"和"造故事"上的表现。如果你在前3个问题上的答案是肯定的，那么"讲故事"已经在你的公司占有一席之地。但是要做到"造故事"，你还要在后3个问题上给出肯定的答案。

1. 你有故事吗？

2. 组织内部的每一个成员都理解和重视你的故事吗？

3. 你的故事能够引导组织的决策、行动和行为吗？

4. 你的故事中包含了商业目标以外的理想吗？

5. 你曾做过与故事相匹配的大胆的、标志性的决策吗？

6. 公司以外的人对你的故事津津乐道吗？

Storydoing网站对比了大量的"讲故事"和"造故事"的公司。在社交媒体上，"造故事"公司的提及率是"讲故事"公司的6倍。此外，正面提及的概率大于负面提及的概率（69%比58%）[21]。更重要的是，"造故事"公司营业额的年增长率是"讲故事"公司的1.5倍（9.6%比6.1%）[22]。

宜家是一家典型的"造故事"公司。故事植根于其宗旨："为尽量多的人创造更好的日常生活"。这个宗旨转化为无数的公益目标，比如投资可持续发展。这种理念影响着公司的决策，同时宜家还喜欢在宣传文案中传递这种理念：

　　"宜家希望给人类和地球带来正面影响。这是我们关注一些重要事情的原因，也是我们计划将所有照明设备换成节能的 LED 灯以及确保所有棉花来源于可持续资源的原因。"[23]

　　宜家的故事在组织内外都受到认可和重视。2016 年，优信咨询（Universum）针对潜在雇主的吸引力问题采访了 70 万名学生和应届毕业生。结果表明，宜家目前是瑞典最受欢迎的公司。[24]

　　这一切应该归因于"讲故事"和"造故事"双管齐下并且贯穿于宜家公司的每一个层面和部门。然而这不意味着宜家的宣传是完美的。以下分别举出成功和失败的案例。

　　据潮流观测者（Trendwatchers）预测，在大城市中，微型公寓的数量将会增加。到 2020 年，大量人口会居住在"迷你"房子里。宜家希望也为这些人创造"更好的日常生活"，这意味着在更小的空间做更多的事。宜家将这个理念完美地融合到充满创意的广告牌中。这个广告牌上面印着三句互相重叠的口号，利用三种不同颜色的交替聚光灯让三句话分别显示出来。家具巨头宜家在广告牌中将可用空间（及价值）扩大了三倍，凸显了其兑现承诺的能力。

　　2017 年，宜家的产品目录或多或少也传达了相同的信息。几个微型公寓内紧凑地堆满了多功能家具。宜家的员工想必认为："这很好地展示了未来的情景。"但是实际上，很多人无法接受这种形式，并不认为微型公寓是值得追求的"理想"。约翰·布朗里（John Brownlee）在 fastcodesign 网站宣泄其愤怒[25]。他表示很厌恶"令人毫无食欲的餐桌，做客的朋友被迫挤在狭小的咖啡桌上用餐，孩子们只能蜷缩在客厅角落的双层床上睡觉。"

由此可见，清晰的故事并不意味着高效的宣传。如果你让消费者和影响者失望，那么他们会利用你的故事反击你，正如相扑选手利用对手的重量击败对手。因此，你需要提前预测约翰·布朗里这类人做出的负面评价。

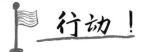

在制定影响者营销战略之前，正确定位公司。

1. 选择侧重点：产品、成本或者客户。

2. 用几个简单的句子讲述你的故事。

3. 思考如何从"讲故事"转型为"造故事"。

由此，你已经为成功的营销战略奠定了基础。

没有目标，就没有荣誉！

你是否明确地将公司定位和故事相匹配？如果是，那么确定影响者营销的战略和运营计划将不会难倒你。让我们从影响者营销的目标开始。以下内容也许对每个营销人员并不陌生。因为，虽然营销渠道可能有所改变，但是营销目标是一样的。

1.提高知名度

利用影响者吸引新的粉丝，提升品牌形象，或者从发布会开始提高新产品的品牌知名度。

2.增加销量

利用影响者营销吸引更多流量和创造更多销售。影响者对产品的正面宣传能够引导潜在顾客进入销售漏斗的更深处，最终达成交易。

3.维系顾客关系

让影响者激发现有顾客的忠诚之心，从而提高净推荐值（Net Promoter Score）。在危机时刻，合适的影响者能够在挽回品牌形象方面发挥重要作用。

何时利用影响者

上述目标的成败与开展影响者营销的时机紧密相关。因此，选择恰当的时机至关重要。在产品周期中的所有阶段都可以利用影响者。比如，在开展活动前期，你可以让影响者通过社交媒体对外预告即将参与公司大会的消息。如此一来，一些粉丝就会相信活动意义重大，自己也会参与活动。

再比如，在产品开发期间，你可以将影响者的反馈融入到产品开发中。因为影响者往往是所谓的"高级用户"，他们使用产品的频率很高，熟悉所有功能特点。此外，他们的内容（比如在推特上发表一篇视频评论或者提议开发一种新功能）只是冰山一角，代表着底下滚滚如潮的粉丝反馈，比如与产品相关的投诉、赞美或者要求。

以下为利用影响者营销的四个主要时期。

1. 产品发布时期

你一定希望让自己的新产品在市场中闪亮登场。为此，你需要积极宣传，争取在品牌知名度、形象、销售额等几个方面赶超竞争对手。你可以通过大众传播最快速、最简单地提高品牌知名度。但是，如果你希望为新产品预热，如果你的品牌活跃于利基市场，如果你的新产品极具创新力，如果你的预算不足以承担高昂的电视和电台广告，那么你可以考虑采取影响者营销。

优秀的影响者虽然影响范围有限，但是相关性和参与度高。所以你要充分利用这两张王牌。产品发布之前，影响者可以向消费者透露自己正在期待你公司的酷炫新产品。随后，你顺势在网络发布关于影响者试用和赞美新产品的视频。由此，你可以一石多鸟：

🔥 你在一群特定、相关的目标群体中提高了产品知名度。

🔥 你迅速提升了产品形象，一方面是通过影响者自身的正面形象，另一方面是通过影响者对产品的热情。

🔥 销售额会提高，因为影响者的粉丝会尝试购买产品。

"奥利奥双份"的"舔奶油"竞赛

2016年，奥利奥的新款饼干"奥利奥双份"通过影响者营销登陆比利时市场。

在一系列的"舔奶油"竞赛中，众多知名视频博客（vlog）博主互相竞争，看谁能够最快地舔完"奥利奥双份"的奶油夹心，输的人要接受难堪的惩罚。这些比赛清楚却又巧妙地强调了新饼干的双层奶油夹心，还让影响者们有机会共同合作，互相访问对方的YouTube频道。另外，这也是让视频博客博主们预热的重要方法。

视频博客博主鼓励观众以#奥利奥舔奶油竞赛（#oreolickrace）为标签参与竞赛。最佳视频的发布者可以免费获得一年的奥利奥供应。其实奥利奥的整个宣传活动也包括电视广告，但是最吸引人的还是网络活动，因为这是奥利奥最容易接触到当代年轻人的方式。奥利奥西欧地区的品牌经理米哈埃拉-克里斯蒂娜·马菲（Mihaela-Cristina Maftei）透露："我们挑选影响者的标准不仅仅在于粉丝的多寡或者在目标群体中的受欢迎程度，还在于他们是否与奥利奥爱玩的风格相符。"

8位荷兰和11位比利时"YouTube内容创造者"接受了此次挑战。荷兰挑战者包括："欢乐朋友"（Fijne Vrienden）的乔治（George）和维拉斯（Veras），费诺（Furtjuh），吉奥（Gio）和梅兰妮·拉托伊（Melanie Latooy）、贾斯特·托马斯（Just Thomas），"吝啬客人"（Gierige Gasten）的马丁（Martijn）和尼尔斯（Niels）。比利时挑战者包括：奥里拉（Aurela）、"数学与电影"（Math se fait des films）、魅力时尚达人（Glamour Fashionista）、时代在跳舞（Les temps dansent）、totallytwo、KASTIOP、莫嘉娜·埃勒顿（Morgane Eyletten）、奥力士（Olex）、It's Dennis FFS、POF、诺拉·加里布（Nora Gharib）。他们的搞笑视频或者视频博客在YouTube、脸书、Instagram、Snapchat以及奥利奥的活动网站上获得超过400万的观看次数。

2.知名度提高阶段

知名度（关注度）是产品发布过程中的重要因素。然而，在竞争最激烈的市场中，维持产品知名度是一项永无止境的目标。为了达成这个目标，你需要与市场中的影响者建立长期的、可持续的关系。没错，你无法总是为他们提供可创作内容的新产品，但是你们之间仍然可以互惠互利。

比如，邀请他们考察你的办公室或者工厂，安排他们与公司领导或者其他影响者见面，为他们提供独家消息。通过这些方式，你可以为他们提供源源不断的营销内容创作灵感，从而建立真正的合作关系。这类投资将获得以下几种形式的回报：

◈ 影响者会更乐意关注你的小新闻；

◈ 他们会更频繁、更自觉地创造关于你的产品、服务或者组织的内容；

◈ 他们在讨论相关产品和市场的时候，会更容易联想到你的公司。

提高产品在影响者之间的知名度其实就是提高产品在影响者粉丝圈的知名度。

3.引流阶段

如果你开展影响者营销的直接目标是提高销售额，那么影响者能够在这方面帮助你引流。不过，你首先需要知道什么样的影响者能引来什么样的流量。你可以先在自己的网站上发布关于某个影响者的内容试水，然后利用谷歌分析（Google Analytics）之类的工具获取相关数据：网站的访客来自哪里？他们在你的网站上干什么？哪些访客表达了进一步了解的意愿？哪些访客实际上购买了产品？

你的影响者自己发布内容吗？也许他们会在YouTube上发布新产品评论？你需要确保他们的内容至少包含你的网站链接。你可以标记这些链接，以求了解哪个影响者的引流最有效。

你还可以进一步使用亚马逊联盟（Amazon Affiliate）链接，它们通常会直接跳转到销售页面。如果有访客达成购买交易，那么你可以以小额佣金的形式奖赏传播这个链接的人（比如你的影响者）。这种情况下，影响者营销为双方带来的利益是清晰可见的。你的影响者立即可以因自己创造的销售获得相应的酬劳；而你也可以准确地知道他的影响力活动创造了哪些额外的销售。这也可以帮助你筛选出最优秀的影响者，以便未来合作。

不过，这种方法也有其缺点。因为这意味着你的影响者营销与传统的付费广告没有差别。更糟糕的是，诚实地告知用户影响者的内容中含有联盟链接已经成为网络规范。更多相关内容，请阅读本书第8章。

影响者的人设细分（参见第2章）可以帮助你确定哪些影响者可以采用联盟链接，哪些不可以。黄金定律就是：避开那些以独立观点和分析为形象（以及你的品牌价值观）的人。如果一个思想独立的记者在博客中附加联盟链接，那么他的公信力会下降。但是如果一个名人这么做，没有人会在乎，因为粉丝们关注他并不是出于其专业知识或者他关于某个产品的客观意见，而是出于其他原因。

至于其他的人设，这通常有一个度的问题。例如，产品专家在评论中附上联盟链接很正常。但是这种情况下，品牌和影响者最好在评论中整体保持客观的态度。与影响者讨论如何达到平衡，比如要求他们至少在评论中提出一点批判性意见。相比于100%的好评，客观的评价会增加可信度。

此外，如果你在下一代产品中成功解决了这个问题，那么人们就会针对改进版本予以热情的、可信的赞扬："哇！我在甲产品中一直遇到这个问题，但是乙公司的新一代产品解决了这个问题。"

4.危机管理时刻

这是影响者证明自己价值的又一个重要场合。当组织面临危机时，你会很快发现自己孤身一人。因为没有人愿意与负面新闻缠身的公司为伍。

这时你当然需要（并且必须）进行自我宣传。一场新闻发布会也许能够缓和危机；你的发言人可以在电视上解释公司即将采取何种积极措施；总经理可以在电台采访中列举导致危机的外部因素。但是人们会相信你吗？这将完全取决于行业中的影响者。他们可以塑造公众的意见。如果这时你已经与相关影响者建立了良好的关系，那么事情会变得简单一些。

但是如果你没有与他们建立良好的关系呢？这时你就需要采取"危机影响者营销"的应急计划。你需要私下与影响者联系，了解他们的最大质疑点和担忧点，这样你才可以更好地说服他们。如果这时候你可以为他们提供新的独家数据，他们就可以在粉丝圈中传播。不过，千万不要仅关注百分百的正面影响者。在危机中，你很容易与正面影响者沟通，而且也最可能从他们口中得到正面的回应。

但是在面临危机的情况下，通常是最极端的负面影响者最具有公信力。他们才是你应该进行沟通的人。理想情况下，你需要以最具说服力的答案回应他们的主要质疑点。至少，你应该以富有建设性的沟通方式赢得他们的尊重。如果一家公司采取以下行动，几乎所有人都会欣赏它：

- 敢于进入对话；
- 开诚布公地讨论事实和数据；
- 坦然承认自己的错误。

这个方法从长期而言是奏效的。如果你有效地应对危机——比如改变环境政策或者修正一个重要的产品缺陷，那么请将这些信息告诉最关键的批评家。如果他在网上给予你的品牌正面的评价，那么你将收获一个新的具有高公信力的大使，毕竟他的粉丝们知道他过去敢于批评你的产品。

黑莓的市场份额从40%滑落至5%

危机通常不会在某一个时刻突然显露，有时候它是悄悄降临的。麦肯锡公司针对手机市场的研究结果显示，负面评价可能会在两年之内让你的市场份额削减20%[26]。黑莓的情况更为严重：2010年至2012年间，黑莓的市场份额从40%滑落至5%[27]。

在此期间，安卓和iOS操作系统均在网络上开展了重要的魅力攻势。很不幸，黑莓没有采取类似的影响者营销手段，对外界的消息充耳不闻，毫无创新。因此，黑莓没能守住市场地位。

作为战略基础的公司愿景

在前面几章中，我向你们展示了如何从基础的公司定位转向影响者营销战略支柱的确认。将所有这些信息整合到一个单独的章节中也许对你们有益。

在激活影响者之前，你需要确定宣传内容（产品、流程或者顾客导向），宣传目的（提高知名度、提高销售额或者维系顾客关系）和宣传时机（产品发布时期、引流阶段、危机时刻等）。

这将引导你草拟一段简短的公司愿景，作为影响者营销战略的基础。此愿景必须与整体的商业战略相辅相成，组织内部的每个成员都必须了解影响者营销的目标。以此愿景为基础，你可以选择影响者（参见第4章）和决定内容类型（参见第6章）。

所有CEO，请注意！

这部分内容将帮助作为公司领导的你找到影响者营销的正确方向。然后，你就可以把具体的执行任务分配给营销人员，对吗？这个问题嘛，对也不对，毕竟无论你喜欢与否，你自己也是一位影响者。以下来自品牌青蛙（Brandfrog）[28]的调查数据证明了这点：

🔥73%的调查对象认为活跃于社交媒体的CEO更优秀；

🔥75%的调查对象认为高层活跃于社交媒体的品牌更诚信、更可靠；

🔥93%的调查对象认为CEO参加社交媒体活动有助于拉近与顾客、员工和投资者的距离。

这些数据是毋庸置疑的，而且调查结果也被实践充分证明。想想那些高度活跃于社交媒体的比利时公司管理者，比如萨斯基亚·范·乌菲伦（Saskia van Uffelen）、杜科·西金荷（Duco Sickinghe）、马克·库克（Marc Coucke）、尤恩·德·威特（Jeroen de Wit）和克莱尔·迪尔卡尔兹（Claire Tillekaerts）。他们经营的公司都有着非常正面的公众形象。这也反过来加强了他们的个人品牌效应。换言之，他们实现了公司和自身职业的双丰收。这同样适用于其他C级管理者，尤其是CMO。

见解

克里斯·范·杜尔斯勒（Chris van Doorslaer）
卡塔蒙迪（Cartamundi）集团CEO

"不要告诉我你没时间！"

　　克里斯·范·杜尔斯勒是卡塔蒙迪集团的CEO，该公司是世界上最大的扑克牌和棋类游戏生产商，旗下的游戏品牌在成年人和儿童中颇有名气，包括大富翁、UNO、全民猜谜大挑战等。这位比利时CEO在推广公司品牌方面发挥了毋庸置疑的作用。他活跃于脸书、推特、领英等社交媒体，而且定期在国内媒体如《比利时时报》、电视一台（Tv 1）、无线电一台（Radio 1）和国际媒体如CNN中露面。

　　范·杜尔斯勒表示："社交媒体花不了多长时间。我大部分的评论都是在国内外旅途中用手机发出的。有几个月，我只在国内待了几天。所以不要告诉我CEO没有时间经营社交媒体。我可以在一分钟之内向数千人分享公司的故事！

　　我经常在领英和推特发布与业务相关的内容，在脸书上则分享更轻松的事情。我试图将两者很好地结合起来。我可以在脸书上讨论喜欢的话题，比如比利时啤酒或者我支持的公益事业（联合国儿童基金会、红鼻子日）。除此之外，还有很多不同的增加公司曝光率的方法。爱尔兰的预算会议，乍一听不像是脸书上讨人喜欢的话题，但是你可以加上几张好看的周边风景照，配上几句关于预算的生动引述，这样你很快就会找到值得发帖的内容。

　　从不同层面而言，媒体曝光都是有价值的。首先，你可以借此接触到电视观众和报纸读者。同时，你也因此成为记者关注的焦点。过一阵子，他们会开始采访你关于你所处领域之外的更广泛的经济问题。更重要的是，你还可以通过社交媒体分享你对相关问题的回答，比如转发采访链接。如果CNN要采访你，在脸书上发布一张快速的自拍照又何妨？"

第3章 总结
确定影响者营销战略

在公司战略基础上确立影响者营销战略

影响者营销战略

公司战略

领导力原则

影响者营销战略的目标并不新鲜：

1. 提高知名度
2. 提高销售额
3. 维系顾客关系

何时利用影响者？
从超过44个适用场合中精选出的4个经典场合：

1. 产品发布时期
2. 知名度提高阶段
3. 引流阶段
4. 危机管理时刻

从"讲故事"公司成长为"造故事"公司：（2×3引导问题）

1. 你有故事吗？
2. 组织内部的每一个成员都理解和重视你的故事吗？
3. 你的故事能够引导组织的决策、行动和行为吗？
4. 你的故事中包含了商业目标以外的理想吗？
5. 你曾做过与故事相匹配的大胆的、标志性的决策吗？
6. 公司以外的人对你的故事津津乐道吗？

第4章

走向前线：探索行动范围

🔥 如何找到亚确的影响者？

🔥 如何与他们打交道？

🔥 在何种渠道利用他们？

> *"所有营销模式的基础：找到人与人之间的异同点。"*

卡罗尔·拉马克

基于前面几章的准备工作，现在你已经可以找到影响者营销的方向了。下一个挑战就是找到合适的影响者。

在第 2 章，我们了解了各种影响者类别的大致轮廓。由此，你可以有针对性地寻找影响者。不过，只有找到符合自己需求的影响者，才能发挥他们真正的作用。另外，有时候跳出传统范围去寻觅影响者会有意想不到的收获。也许你会发现一个新类别，由此引出更广泛的影响者。

寻找影响者的五个途径

以下是寻找影响者的五个途径。

1. 搜索引擎

你可以撸起袖子开始漫长的寻觅工作了。超过 84% 的在线搜索影响者的工作是通过人工完成的[29]。首先，你需要列出大量有关行业、公司、产品、服务或者活动的关键词。然后，依次将其输入搜索引擎（最著名的当属谷歌）。你只须关注搜索结果的第一页。如果你在其中发现一位有趣的博主，那么你很快就知道他熟悉搜索引擎优化（SEO）。这点很有用，因为这意味着通过这位博主，你可以接触到跟你输入相同关键词的人群。

大部分的社交媒体也是搜索引擎，所以你可以在推特和 YouTube

上做相同的工作。搜索结果通常按照影响范围或者参与度排序，这是影响力公式的其中两个参数（参见第2章）。在YouTube上，你可以按照视频播放次数排序。推特会显示点赞、回复和转发最多的推文。

2.软件工具

特殊的软件工具可以帮助你搜索、筛选和排列影响者。比如，你可以根据权威度、位置或者其他参数对社交媒体的用户进行排序。Engagor可以帮你监控与你相关的社交媒体更新，并且帮你统计出分享频率最高的帖子。Traackr可以帮你分析和细分影响者。更多相关内容，参见第5章。

3.市场

市场是品牌方和影响者互相交流的平台，可以创造大量的信息。根据这些信息，一个品牌通常可以按照自己的营销需求在影响者数据库里面搜索影响者。通常情况下，影响者们都非常乐意与你合作，这是额外的好处！在荷兰和比利时，Inflo可以提供这类型的数据库服务。在荷兰，Circle也可以促进品牌和影响者之间的合作。

镜像

市场中的影响者

理所当然地，影响者希望在市场中有存在感。你和品牌方之间有着共同的目标：合作。你在市场中寻觅品牌，而他们也正在苦苦寻觅像你一样的人。但是如果他们最先遇到你的同行呢？那么也许同行会获得合作机会，而不是你，即使你的粉丝相关度和活跃度更胜一筹。因此，你需要主动寻觅，找到最有利可图的市场，主动以独特的方式向品牌负责人毛遂自荐。

4.活动

活动是寻找和接触影响者的第四种途径。你需要密切关注行业中的研讨会、大会等活动。活动中的演讲者通常都是影响者。此外，你还可以通过活动标签在手机上搜索最活跃的推特用户：有些影响者不喜欢公共演讲，只有在网络环境下才觉得舒适。除了行业活动以外，现在有越来越多专门为影响者组织的活动，尤其是YouTube影响者，因为他们以声音和图像的方式创造内容，与粉丝建立了相当牢固的关系。实际上，他们中的很多人在自己的圈子里都是"小名人"。比如，2016年夏天，比利时YouTube日在安特卫普（Antwerp）举行，粉丝们（以及感兴趣的公司）可以在那里结识超过100位的YouTube网红。

5.影响者专家

最后，你还可以通过专业服务机构找到合适的影响者。这可以节约时间，但是要花费一定的金钱。影响者专家拥有各行各业的影响者网络，他们不仅可以为你的公司找到最合适的影响者，而且还可以承担一条龙式的项目管理和宣传工作，包括主导影响者的内容创作过程、利用工具收集活动相关的数据并将其以清晰、一致的方式可视化等。比荷卢经济联盟（Benelux）中的影响者服务机构包括The Kube（安特卫普）和IMA（阿姆斯特丹），影响者专家包括杜瓦尔联盟的创新营销团队（安特卫普）。

找到影响者之后该怎么办

你识别出你市场中的影响者了吗？请在社交媒体上关注所有最重要的影响者，甚至包括你最不可能选择的人。这可以一石二鸟：

1.这是你与潜在的合作影响者的**首次正面沟通**。他们耗费大量的时间和精力扩展影响范围，因此不介意多一个关注者。重点是，这可以让他们知道自己在你的关注范围内。

2.这可以让你持续关注行业内的**最新进展**。你可以了解最新趋势、关注最新消息、发现热门竞争对手以及了解他们利用哪些影响者等。

迈出第一步

你现在正在关注大量影响者，但是在单次活动中，你不需要利用所有影响者。大多数情况下，一次利用5～15个影响者就足够了。你只需要选择最符合你的战略需求的影响者，但是切记不要同时联系所有人。你应该先和其中一个影响者分享方案，观察他的反应，了解基本情况。比如，他提出了什么问题？他期望从你身上获得什么？他可以贡献何种富有创意的内容？

在此基础上，你可以更有准备地与其他影响者沟通。记住：不要首先与你认为最优秀的候选人沟通。你可以从清单中的第四位或者第五位开始。在前期的沟通中获取的信息可以让你在最后的沟通阶段给前三名的候选人留下好印象。

见解

乔克·德·努尔（Joke de Nul）
VLCM的主席以及拥有超过11000粉丝的推特网红

拒绝就拒绝

与影响者进行初次沟通是第一道坎，同时也是一道重要的坎。一封"冷冰冰"的邮件是不会起作用的：顽固的影响者常常对这种邮件和需求轰炸无动于衷。如果有人帮你私下牵线，那么你成功的概率会更高。你可以尝试寻找共同联系人，如果可以的话，安排一次聚会。如果没有联系人呢？你还可以直接联系影响者，通常在社交媒体上可以找到他们的具体联系方式。此外，你还可以通过他们最喜欢的方式联系他们：推特迷应该不会介意有人在推特上给他发送私人信息。

不过，你也要做好最坏的心理准备：不是每个影响者都乐意与你合作。他们耗费大量的时间和精力打造个人品牌，这就意味着如果你的品牌与他们的形象不符合，那么他们会毫不犹豫地将你拒之门外。请优雅地接受这种"拒绝"，因为强扭的瓜不甜。

双向沟通

影响者营销是品牌和影响者之间的商业合作。不可避免地，这会涉及双向沟通问题。影响者和品牌一样，也有自己的战略和目标。比如，他们也许希望接受能为自己的社交网络增加附加值的内容。欧洲的情况通常如此。影响者营销工具Augure[30] 比较了美国和欧洲的影响者排在前三位的动机的差异：

美 国	欧 洲
1. 扩大影响范围	1. 提高内容质量
2. 提高内容质量	2. 扩大影响范围
3. 增强品牌形象	3. 获得利益及额外收获

无论在美国还是欧洲，"赚钱"都不是影响者的前三位目标之一。换言之，你需要寻求金钱目标以外的双赢合作。唯一的方法就是，平等地对待影响者，坦诚地提出自己的营销目标。你想要达到什么效果以及影响者该如何帮助你？

同时，不要忘记询问影响者希望从你这里得到什么。如果你不知道这个信息，那么你就无法帮助他们实现个人目标。针对十大基本的影响者细分类别，Traackr[31] 分别提出了一条合作建议。

名人
提供赞助选择

如果足够幸运，你可以找到一个恰好热爱你产品的名人。大多数情况下，你需要花钱购买他们的关注。赞助协议有时候是可以满足双方需求的方式。

权威人士
为他所在的社区提供价值

权威人士是无法用金钱收买的，只能靠说服。最佳的方式就是为他提供有价值的内容。他可以以此赢得粉丝的赞赏。

连接者
帮助他扩大社交网络

连接者倚赖社交网络而强大。线上，你可以将他引荐给你的社交网络；线下，你可以将他介绍给行业中的大腕。

个人品牌
提高他的声望和关注度
形象对于个人品牌而言是神圣的。因此最好是在尽量多的人面前提高他的声望。

分析者
为他提供新鲜数据和见解
分析者对于事实和数据是永远不会满足的。因此给他们提供尽量多的数据和见解。但是不要试图帮他们做分析。

积极分子
让他加入对话
积极分子经常与品牌方和公司对抗。如果你希望给他们留下好印象，最好不要回避他们的对抗，而要加入对话。否则，你们之间的鸿沟会越来越大。

专家
将他的专业知识分享给你的社交网络
专家喜欢以专家自居。让他时刻跟进最新的创新成果和新闻，同时也让他有机会向你的社交网络分享他的学识，以此体现他的聪明才智。

知情者
与他进行富有建设性的讨论
知情者通常与你有着不同的兴趣点。你可以创造一个共同讨论的平台，让双方可以表达自己的观点。

创新者
提高讨论的水平
创新者希望寻求可以与他进行头脑风暴和畅想的合作伙伴。你可以为他提供高质量的信息，以此促进高水平的、以内容为基础的、与创新和颠覆式技术相关的讨论。

记者
为他提供独家新闻

众所周知，记者的必杀技就是独家新闻。这对记者而言像是"毒品"，所以你可以定期为他们提供独家新闻。由此，读者也对他的新闻"上瘾"。

影响者展示施华洛世奇手链的佩戴和搭配方法

珠宝商施华洛世奇（Swarovski）通过以#尽情闪耀（bebrilliant）为话题标签的国际影响者营销活动推出最新的Crystaldust系列手链。其代言人卡莉·克劳斯（Karlie Kloss）与众多其他影响者一起合作展示手链的多种设计、佩戴和搭配方法。

在比利时和卢森堡也有相关的活动，组织者为以下影响者：佐伊·范·加斯特尔（Zoë van Gastel）、安娜贝尔·佩桑特（Annabel Pesant）、艾米丽·希格（Emilie Higle）、克莱尔·马纳特（Claire Marnette）以及宝琳·里尔密斯（Paulien Riemis）。2016年9月，他们分别在Snapchat和Instagram上发布宣传帖子和动态视频（Boomerang）。2016年12月，他们又在Instagram上发布宣传图片、视频和博文。

他们由此获得的回报包括多种产品、酬金以及大量关注，因为他们的帖子也会被发布和置顶于施华洛世奇的国际网站上。这种合作模式同时调动了公司和影响者的社交圈子，而且让他们清晰地呈现在一群全新的、相关联的用户面前。

钱，钱，钱？

在上述关于双向沟通的内容中，你是否察觉到奇怪之处？钱只被提及一次（与名人赞助相关）。不过，这反映了常规的情况。Augure[32] 的一项研究显示，只有17%的受访欧洲公司表示会常规性地付给影响者酬金。在美国，这项数据高很多，54%的公司会经常或者总是付给影响者酬金。一个可能的原因是，美国的顶级影响者的影响范围远大于欧洲的影响者，这意味着与他们的合作更像大众传播（这种模式中，品牌方也要付出大价钱）。

比利时时尚博主马提亚·海尔茨（Matthias Geerts）如此分析比利时、荷兰和美国的行情差异："（在比利时）酬金为每个帖子500～750欧元，还需要扣税。在荷兰，相同帖子的价格是比利时的4倍。这就是阿姆斯特丹比比利时更吸引我的原因。明年，我希望去纽约工作。我的博主朋友在美国赚的钱是我的10倍。"[33]

金钱固然很重要，但是除此之外，公司和影响者之间也有很多互惠互利的方式。此外，非营利性的合作通常可以给予影响者更多、更好的内容创作灵感。比如，分析者将你提供的独家数据转化为惊艳的PPT展示，这样的营销效果总是紧扣主题的。相较之下，你提前从影响者那里购买现成的内容模板，然后将其生搬硬套到你的营销活动中，这个过程则更加艰难。

首先，影响者营销需要品牌方投入大量的时间成本。你需要建立自己的社交网络，维护关系，策划营销活动，与影响者沟通，（共同）创造内容，传播最终的营销内容，评估影响力。但是众所周知，时间也是金钱。如果影响者暗示需要酬金，那么你必须明确自己能从中得到什么回报。他能帮你节省时间和金钱吗？或者有没有其他更便宜又能够达成相同效果的方式？

换言之，你需要考虑的事情和其他商业交易一样。影响者能将你的金钱最好地利用于实现营销目标吗？如果能，那么就跟他达成交易。不过，请记住：我们有时候讨论的是大钱，不像在欧洲，只需要几百欧元就能够让影响者在社交媒体上提及你的产品。在大西洋对岸的美国，如果想要最受欢迎的Instagram网红为你宣传，你需要付出一大笔钱。

金钱——因为你值得

作为影响者，你该如何看待金钱？你是否准备放弃通过影响力活动实现名利双收？你是否敢于向品牌方提出酬金要求？当然，你的劳动一定会获得相应的回报，但是这些回报通常是间接的。不过，如果品牌方能够帮助你成长为影响者，那么你还可以从中获得其他有趣而且有利可图的回报：

- 作为一名富有创造力的自由职业者，你可以获得更多的服务需求；
- 你的网店销售额会稳步上升；
- 你的新书在利基市场以外也能大卖。

当你考虑与某个品牌合作时，请考虑上述可能性。请记住：你也可以在博客或者YouTube上宣传自己创造的内容，从而赚得金钱。你的影响范围越大，潜在的收入就越高，而与强大的品牌合作只会进一步增加收入。

此外，多数情况下，你还可以正当地从合作中获得一些直接回报。如果合作的品牌销售产品，那么你通常会成为产品的第一个试用者，请保留这些产品。尤其是在这个崇尚时尚和高科技的世界，有时候这些"礼物"的现金价格不菲。谁不想每个月拥有一双新的名牌鞋或者一件新的挂件呢？

如果你投入了大量时间，尤其是为品牌合作方创造内容的情况下，那么你有理由要求酬金。一条速成的推文当然不值多少钱，但是如果你制作一个视频（包括头脑风暴、拍摄、剪辑等），视频还在品牌的宣传渠道中呈现，那么很明显你应该得到酬金。为何？因为你的职责已经和品牌的创意团队无异了。

当你开始与潜在的品牌合作方谈酬金时，你要让对方明白自己为何值这个价。请记住：在小的区域，影响范围并不是最好的谈判筹码，即使你拥有成千上万的粉丝也不行。大众传播将持续成为性价比最高的方式。因此，你需要利用投入时间、创意和/或专业知识推销自己。不过，利用其他影响力参数（影响范围、参与度、相关性）证明自己的能力当然也是有利无害的。

在何种平台能够最好地利用影响者

你可以在各种平台找到影响者及其粉丝。几乎每个社交网络都有自己的影响者。但是他们未必活跃于每一个社交平台。黄金法则就是：以目标群体为准。如果你的潜在客户不可能出现在领英，那么就没必要考虑领英。如果你希望推广一款适合年轻人的新饮料，那么你也许应该在媒体组合中加入Snapchat。

此外，内容的属性也是重要考虑因素。有些服务更适合以视频的形式呈现，而不是图片，因此选择YouTube比Instagram更为明智。如果你希望分享博文，那么使用人们惯用的文本可调节平台更合适，比如脸书。

接下来，我会对比不同平台的优缺点。但是你也要敢于跳出书本的范围，观察你身边真实的世界，根据常识来判断、取舍。当今社会，再受欢迎的平台也可能在一年之内陨落，一夜之间被同一领域的新秀取代。

博客

博客的优势在于可以向社区分享大量内容。此外，只要有自己的博客页面，博主创造的内容不受格式限制。他们可以写很长的博文，在博文中插入多种多样的多媒体内容。不过，这对于影响者新手而言不是优势，因为他们需要清晰地编排博客内容，还必须区分有影响力的博文和相关性低的博文。

博客的影响力可以通过其中的外部链接数量以及其他指标评估。数量和质量同等重要。大量相关的本地网站链接固然不错，但是一个特别热门的网站链接至少也是价值相当。搜索引擎优化公司Moz给博客的链接情况评分，范围从1到100，也称为域名权威性。分数越高，该博客在影响者营销中的价值越大。拥有高域名权威性的博客影响范围通常很大，而且在谷歌搜索结果中占有主导地位。

脸书

脸书是世界上最大的社交网络。脸书每天能够产生数百万的新帖子，而且目前没有任何迹象表明年轻人对脸书的兴趣将有所消减。comScore的高级副总裁安德鲁·利浦斯曼（Andrew Lipsman）明确地指出了这一点："现在的年轻人将更多的时间花在新的社交媒体网站上，但是数据显示脸书仍然独占鳌头。"[34]

但是如此成功的脸书也有劣势：太多品牌活跃于脸书，导致你的品牌很难被注意到。此外，影响者越来越难接触到自己的粉丝。脸书和

YouTube一样专注于付费服务。如果你想要在他们的平台上与广大受众分享信息，那么你需要购买广告位。

推特

推特是聚集最多影响者的地方，但是不能据此判断推特对于影响者营销而言是否有价值。推文的生命周期特别短，因为推特的时间线或多或少是按时间顺序排列的。不过，推特和脸书一样提供多种多样的数据分析工具。

推特上的广告位在很大程度上是不为人知的，因此也不受喜爱，未被充分利用。也许这是因为其入门价格高于脸书，尽管用户每天平均花费55分钟在脸书上，而在推特上仅有1分钟。[35]

见解

伯尔特·马力沃特（**Bert Marievoet**）
推特比利时地区的前CEO

影响者通过推特引发互动和创造销售

目前，我们每天花3小时处理移动设备上的数字内容。[36]这是我们在工作日与另一半相处的时间的两倍。作为品牌方，你当然希望在这内容的洪流中占据一席之地。这并非易事，因为越来越多的广告被拦截软件拦截。

社交媒体提供了一条出路，或者说是一个入口。社交媒体的广告形式更"自然"。你几乎察觉不到普通帖子和赞助帖子的区别。此外，由于两种帖子混杂在用户的时间线上，自然广告很难被屏蔽。

作为广告商，你可以在社交媒体上回应和反映目标群体中的不同社会背景和不同年龄的需求。如此一来，你的营销变得更具相关性，因此也更加有效。在推特上，赞助推文的互动率平均是手机营销活动的30倍。

此外，越来越多的公司希望寻求影响者的支持，因为他们与粉丝的互动率是无懈可击的。这种高水平的参与度通常是说服品牌方采用影响者营销的决定性因素。但这并不是全部，推特和Annalect的研究表明，接近40%的推特用户会在阅读影响者的推文之后做出购买决定。[37]#令人印象深刻。

领英

领英是企业对企业（B2B）沟通以及影响者、CEO们打造个人品牌的平台。该平台还专门创建了自己的社交销售指数（Social Selling Index）。这是一种100分制的评分体系，用于评估你在社交网络和行业中的品牌效应。如果你希望成为领英的影响者，你首先需要参考"权威人士"这个细分类别。思想领袖通常在领英拥有最大的社交网络。

Instagram

据社交媒体调查报告，Instagram的参与度是最高的，无论对于B2C还是B2B公司。据TrackMaven的报告，B2B公司在Instagram的互动率是在领英的20倍。[38] 不过，尽管数据漂亮，Instagram仍然有许多劣势。影响者无法在帖子上附加超链接（因此无法将流量引至网站或者网店），广告位有限，以及数据分析功能目前还不完善。

YouTube

影响者在YouTube上占据重要地位，被称为"YouTube创作者"。视频是影响者与粉丝培养个人关系的最佳媒介。比如，在美容行业，公司常年与影响者合作，因为视频是美容产品教程和评论的最佳呈现方式。

谷歌布鲁塞尔分公司的品牌专家恩斯特-扬·范·利文（Ernst-Jan van Leeuwen）表示："影响者与消费者建立关系未必比品牌方容易，但是他们往往表现得更出色。他们的方式包括：倾听粉丝们的愿望、与粉丝互动以及讲述真实故事。真实是关键。现在的消费者希望品牌以诚实和真诚取胜。"YouTube创作者的表现甚至超过传统名人。与后者相比，前25名的YouTube明星创造了3倍的阅读量，2倍的点击量或者其他互动，12倍的回复。[39]

谷歌比利时分公司的主管蒂埃里·海尔茨（Thierry Geerts）表示："比利时的vlog数据同样很漂亮：比利时已经有几十个订阅量超过10万的YouTube创作者；280万的比利时人每天观看YouTube视频。影响范围广泛的vlog博主现在已经被品牌方盯上了，而且他们也越来越倾向于要求酬金。不过，微型影响者也吸引了公司的目光，因为他们通常面对着明确的利基市场，而且与顶级vlog博主相比，他们的社区群体平均而言更为年轻。"

另外一个趋势就是品牌化的影响者频道。杰茨表示："品牌方在YouTube上注册官方频道，利用影响者在上面创造内容。这种方式让你既可以充分利用YouTube创作者的影响力，还可以掌控频道。结果是令人震撼的：雅诗兰黛（Estée Lauder）的'我爱化妆'（I love make up）频道拥有超过50万订阅者，而雅诗兰黛的品牌官方频道只有几万粉丝。欧莱雅（L'Oréal）的情况相同：欧莱雅品牌化的影响者频道'美丽终点站'（Destination Beauty）以136 000位粉丝远超品牌官方频道的73 000位粉丝。"

YouTube目前是视频内容领域遥遥领先的霸主。但是你还需要关注行业的未来发展，因为其他的社交媒体平台也开始进军在线视频的蓝海。

比如，脸书已经开始将自家的视频放在优先于YouTube视频的地位。另一方面，YouTube目前也在积极提高自身平台的价值，为vlog博主和广告商提供更好的平台。YouTube已经接管让品牌方和影响者直接沟通的FameBit平台。这些未来的发展将决定你未来选择何种渠道。

Vine

Vine被加入这个清单的最首要原因是，它反映了社交媒体领域瞬息万变的特质。该软件于2012年发布，之后一夜爆红。短短几个月之内，它就被推特收购了。其他知名品牌也迅速跟风，聘请影响者在Vine上制作和发布时长为6秒的产品宣传视频。比之更大规模的Instagram也不甘示弱，火速推出短视频上传的功能。这在很大程度上抢走了Vine的风头。影响者纷纷转向其他平台[40]，2016年10月底，推特关闭了Vine平台。

Snapchat

Snapchat是欣然接受前Vine影响者的平台之一。Snapchat的营销专家尼克·文基尔（Nick Vinckier）表示："Snapchat上每天有超过900万的视频被观看。这是个天文数字，甚至会让马克·扎克伯格（Mark Zuckerberg）感到紧张。但是我们也面临跟Vine一样的危机，Instagram已经在打造与Snapchat大部分功能相似的Instagram故事（Instagram Stories）。"

Snapchat在青少年群体中非常受欢迎，但是对于其他人来说完全是个鸡肋。

因此，为求蓬勃发展，Snapchat需要快速变革，但是随着脸书抄袭了它的大部分功能以及主宰了大部分广告预算，这一切会变得十分艰难。2017年12月，在同期标准普尔500指数上涨20.28%的背景下，

Snapchat的股票（SNAP）同比下跌40.32%。

Pinterest

Pinterest是一个对女性非常友好的网络平台。五分之四的用户是女性，占据在线活跃女性总数的42%。[41] 此外，该平台让她们更方便地跳转到网店。用户频繁浏览Pinterest的目的就是为了淘到好物。你的产品是否面向女性群体？

🚩 行动！

　　将上述的平台按照优先级排序。根据品牌形象、宣传风格和目标群体等参数对比平台。这可以帮助你更好地确定侧重点。哪个平台是你采取影响者营销的最佳突破口？哪个平台相关性太低，以至于你可以直接排除？

　　当你读毕全书，再回头审视清单，有需要的话稍加调整。如此一来，你的直觉和理性分析可以先后发挥作用。在你阅读过程中，也许会获得许多关于平台选择的有趣想法，或者会逐渐理解选择某一个平台的理由。

大部分影响者都会同时活跃于多个社交网络。这意味着你可以利用影响者在不同位置和不同平台为你的公司打响招牌，而且你还不需要为每个平台创造不同的内容。聪明的影响者可以将同样的内容"翻译"成符合各平台需求的内容。比如，他们在推特上可能会通过引述一句话以

及附加博文链接来分享一篇博文；在脸书上发表来自Instagram的照片，但是少用标签符号。这种差异化的处理方式可以让社交媒体上的多渠道结合的宣传方式利益最大化。

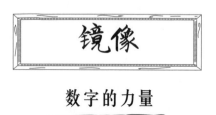

数字的力量

作为影响者，活跃于多个平台将成为你的优势。也许你会专注于某个让你感到最舒适的社交网络（通常是推特或者Instagram），但是为何不考虑增加一个平台，比如脸书？这会带来两个结果：第一，你的一大批真粉丝会跟随你到脸书；第二，你会接触到一个新的群体。

从现在开始，你可以以两个平台的粉丝总数为优势推销自己。试想：你在Instagram上拥有5 000个粉丝，你开放脸书主页几个星期之后就有500名来自Instagram的粉丝为你点赞，另外500个新粉丝关注了你。顿时，你就增加了10%的新粉丝。而你的潜在影响力呢？增加了超过20%。由此，你可以告诉公司自己拥有6 000个粉丝的强大社交网络（5 000个在Instagram和1 000个在脸书）。

（读到这里的营销人员请注意：不要被这种创意性的计算方法忽悠！）

三大平台更替趋势

最后同样重要的是，影响者应该密切关注最新的数字化进程。在未来数年，以下三大趋势必定会对影响者的内容创造产生重大影响。

1. 移动设备的重要性

人们已经讨论这个话题好几年了，但是在 2016 年，这一切首次成真：网络巨头（比如脸书和谷歌）的大部分访问量是在移动设备上进行的。这意味着大部分人通过小屏幕阅读影响者创造的内容，而且通常是在移动的状态下。能够最好地利用这些特质的影响者将会遥遥领先于对手。

2. 有机接触减少

品牌方和影响者越来越难与所有的粉丝进行"有机"接触。唯一奏效的方法就是花钱打广告。这种战略的最大受益者似乎是脸书和其他公司。2009 年，平均 3.6% 的营销预算花费在社交媒体广告商，到 2016 年，这个数据上升至 11.7%。[42]

3. 虚拟现实

虚拟现实（Virtual Reality, VR）目前还处于发展初期。尽管如此，德勤公司（Deloitte）曾预测，2016 年，该行业的营业额将首次突破百万美元大关。[43] 脸书和谷歌已经在生产 VR 设备，而微软也计划打开整个市场。微软打算与惠普、联想、戴尔、华硕以及宏碁等常规合作伙伴合作推出起售价仅为 300 欧元的 VR 设备，这是竞争对手价格的一半。

你会成为第一个体验 360 度视频及其他虚拟应用的影响者吗？如果会，那么你不会在未来几年被时代淘汰，因为你将以此吸引远超你的竞争对手的流量。

林·赛格尔（Leen Segers）
"VR欧洲中的女性"（Women in VR Europe）创始人

以知识分享为目的的影响者网络

2016年6月，我创立了"VR欧洲中的女性"网络社区，旨在挖掘虚拟现实中的女性专家以及促进她们之间的交流。美国一个类似的社区已经聚集了数千名成员。通过开展一系列行业活动和见面会，我们希望在未来几年成员数量能够突破一千大关。

虚拟现实是一个年轻的行业，因此在我们成立这个社区之前，欧洲尚没有正式的女性虚拟现实社区，然而发展初期正是我们最需要互相学习的时期。这就是社区的主要目的。另外，社区还聚集了一大群影响者。那些生产虚拟现实相关硬件、软件或者内容的公司也会对社区感兴趣。这些公司希望扩大影响范围、提升公司形象或者发布新产品吗？如果它们能够赢得欧洲虚拟现实圈子中的女性的支持，那么它们的宣传效果必定会提升。

走向前线：探索行动范围

五种寻找影响者的途径：

1. 搜索引擎　　2. 软件工具　　3. 市场
4. 活动　　　　5. 影响者专家

 迈出第一步：

1. 通过社交媒体关注影响者

2. 通过点赞、分享以及回复与他们建立关系

3. 为合作做好准备

4. 从前期联系人中获取信息

5. 在宣传活动开始之前与4 ~ 14个影响者打好交道

提示

你的CEO就是
第一位影响者

考虑三大平台更替趋势：

1. 移动流量会占据大部分市场

2. 社交媒体上的有机接触减少

3. 虚拟现实即将来临

选择在何种平台利用影响者：

- 博客　●脸书　●推特
- 领英　●Instagram
- Youtube　●Snapchat
- Pinterest
- 下一个厉害的平台？

第5章

何人做何事：
任务分配及工具

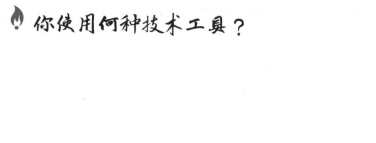

- 🔥 谁实施影响者营销？
- 🔥 你自己负责何事以及何事可以外包？
- 🔥 你使用何种技术工具？

"如果一个品牌希望通过影响者获得成功，那么它必须与影响者建立互利共赢的合作关系。"

詹妮弗·博普（Jennifer Beaupre）｜Oildex的营销副总监

　　首先，影响者营销需要重复投入时间。你需要与影响者建立亲密关系，以此"赢得"他们的支持并使大家完全理解双方的目标。这种关系并不能一蹴而就，需要长时间培养。此外，你不能中途喊停，这是一个连续的过程。这还没有涉及影响者营销的操作层面。内容的协同创作和分工也需要时间和金钱，后续的积极营销活动和竞争者分析也是如此。

　　总而言之，如果你希望影响者营销项目获得成功，你需要投入大量的可用人力资源。在本章，我们将学习不同角色的职责以及如何最好地分配任务。当然，你也可以扩充和调整团队成员的职责、新增一个功能团队或者从外部聘请合作伙伴。你应该根据实际公司规模、组织情况、组织架构和行业情况做出选择。

自主操办

　　第一种选择，也是最明显的选择，就是公司内部自主操办影响者营销。比如，你可以将此书作为行动指南。对于B2B行业的中小型企业而言，自主操办通常是最为明智的选择。小公司通常没有经费将影响者营销外包出去，而且自主操办对于它们而言是可行的。大部分B2B供应商面对的是仅仅几千人的潜在顾客，因此为何要花钱让别人去做自己能做的事呢？

但是，这对于消费者产品和服务领域的中小型企业而言是非常艰难的。它们没有充足的预算，但却希望占领大规模的市场。更糟糕的是，B2C市场更为不稳定，产品不断创新，均势变化快。你的公司是否具有上述特点，但是仍然希望自主操办影响者营销？那你需要在营销手段上发挥创造力和创新力。比较不同的影响者类别，选择最有希望达成理想效果的一位影响者。

这就是比利时咖啡馆服装（Belgian Café Costume）团队的做法。他们有一个宏伟的目标：为地球上每一个男人量身定制服装，但是他们没有足够的资金来与10种不同的影响者合作。于是，他们决定专攻一类：音乐名人。如今，他们为大约50%的比利时音乐人定制服装，被誉为"比利时摇滚现场的裁缝师"。果然，这些摇滚乐名人吸引了许多其他顾客。这一切是如此简单！

但是注意："自主操办"并不是自动发生的。你需要将影响者营销的任务分配给公司里的某个人。你的组织内部有全职营销人员吗？如果有，那么他需要在不同类型的营销活动（包括不同的影响者）之间分配时间。没有专门的营销人员（很多中小型企业都没有）？那你应该选择团队中最有商业嗅觉的人。比如，你的首席销售员或者会计经理，他们非常关注顾客关系的维护。要利用那些可以促进销售和增强顾客关系的影响者。

从外部招聘战略专家

大中型企业可以很好地结合两种方式的优势。尤其是在你的公司内部没有精通影响者营销的人才的情况下，在启动首次营销活动前邀请或者咨询战略专家是一个明智的做法。战略专家可以将自己的智慧和经验分享给负责实施影响者营销的营销经理及其团队。

如果你不希望你的影响者营销仅仅是昙花一现，那么获得CMO的支持是很关键的。顾问的首要和主要沟通对象一定是CMO。他们一定要在各种任务上达成一致。双方一定要发挥各自所长。CMO需要解释公司的整体定位以及影响者营销的目标。顾问需要精炼这些目标，并将其转化为有计划的行动。在此之后，顾问就可以确定和细化相关影响者了。

CMO通常会把影响者营销计划的实施任务分配给顾问、业务营销人员，也许还包括公司内部最擅长社交媒体的人才。这些人才通常可以在客服部门找到，因为客服人员擅长通过推特或者脸书为顾客提供帮助，而且在日常工作中与影响者和品牌大使打交道。你的客户服务团队是否发现了利基市场中有影响者在脸书上投诉你的产品？或者她是否读到了专家在博客中针对你所在的行业提出严肃的质疑？如果是，那么这些信息需要立即上报给负责影响者营销项目的营销人员。

这种营销和客服团队之间"前后双人自行车"模式的协作只有在双方拥有足够空间的情况下才能实现。如果没有必要的"氧气"，他们不可能有力气蹬自行车。因此，你需要确保客服团队有充足的时间将这些有价值的信息传递给营销团队，同时营销团队也有充足的时间来专门回应这些信息。如果做不到这点，那么"团队合作"将会搁浅。

见解

克罗·维瓦尔兹
拥有3万粉丝的数字营销经理兼推特先驱

我时常滥用我的影响力

推特并不是最易于与不满意的顾客打交道的地方。它是一种快速、激烈的媒介，无法容纳更多的背景信息。另外，它是记者热切寻求精彩故事的地方，也是愤怒的消费者利用大品牌大做文章的热土。

人们常说，这是许多公司优先处理来自推特的投诉的原因。因为，与邮件或者电话沟通相比，推特更容易遭到疯传。换言之，推特隐藏着更大的公关危机。许多推特用户选择通过推特发泄心中的愤怒和失望。而且他们的方法具有战略性。他们的推文不以"@某公司"开头，而是以"嘿@某公司"开头，这样既称呼了公司，又可以确保推文可以出现在粉丝的时间线上。

我不想成为这种类型的推特用户。但是有时候我也会滥用自己在推特的影响力。在约翰内斯堡（Johannesburg）旅游的最后一天，我把智能手机落在优步（Uber）司机的车上了。唯一能联系到司机的方法就是通过我遗失的手机上的优步软件。发邮件也无济于事，而且也很难通过电话找到一个能在周六帮助我的人。所以我承认：我当时决定采用"嘿"的方法。我在推特上发布了一条推文："嘿@优步@优步支持，无视问题不能解决问题。"一分钟之后，酒店里的电话响了。刚才的优步司机打电话告诉我他正在给我送回手机的路上！当然，我最后把推文删除了，以示"感激"。那位司机又将我载到机场，让我可以准时搭上回家的飞机。一切完美结束。

将影响者营销外包给专业机构

最后，我们需要考虑哪些任务可以外包给影响者营销专业机构。你只须给他们提供清晰的指南，他们负责执行影响者营销的大部分任务，从战略构想到具体实施。这种合作模式特别适合产品和服务能够引发大规模讨论的B2C公司。我们都知道那些在社交媒体上最能引发热议的行业：公共交通是永恒的话题，创新科技公司和食品、时尚、生活方式紧随其后。

在影响者营销的专业机构，有一整个团队致力于为你打造成功的影响者营销。正如和顾问合作一样，CMO将和专业机构的战略负责人商讨整体策略。一旦这个确定下来，机构的专家们就会开始行动。数字营销专家将研究影响者细分的问题；内容创作者将会把你的目标转化为博文、社交媒体帖子和/或视频；项目经理将确保团队能够紧密配合。

不要忘记活动组织者！

目前还有一个重要的角色未被讨论：活动组织者。你的公司是否组织活动？你一定希望行业中的影响者带着数字设备参与活动！因为他们会在活动前、中、后期帮助你创造热点。因此，无论你的公司属于小型B2B公司还是生产消费者产品的跨国公司，你都需要在影响者营销之初让活动组织者参与进来。

现在，许多公司都会为影响者专门举办活动或者开放日。2007年，奥兰多环球影城（Universal Orlando Resort）对外开放了大量哈利·波特景点。这个独家消息只通知了7位具有影响力的博主。但是他们创造的内容传播给了大约3 500万人。[44]

行动！

　　影响者会收到源源不断的宴会和大会邀请。你只有提供限量、专属的活动才能吸引他们的注意力。因此，你需要：

　　1. 列出你举办的活动以及行业中其他最具吸引力的活动；

　　2. 列出每个活动能够给影响者带来的不同回报。

　　每个影响者都本能地希望参加最负盛名的活动，比如戛纳电影节。如果品牌方能够承担他的费用就再好不过了。除此之外，你还可以提供许多非金钱类的回报。比如，你可以组织一场网络聚会，让不同的影响者可以互相认识，或者私下为他们提供一次导览旅行，或者向他们承诺一次采访CEO的机会。这种福利对于联络者、业内人士和积极分子而言是难以抗拒的。让影响者发挥自己所长也是一个聪明的想法：博主分享活动后台的照片，推特用户发表关于活动前台的推文（当然是从前排座位），这是必胜的做法。

　　《当数字转化为人性》（*When Digital Becomes Human*）的作者史蒂文·范·贝莱格姆认为："你可以看到，现在的时装秀中，博主总是坐在前排最好的位置，而大型杂志的编辑只能屈居第二排。现在很多公司希望在网络上寻求一种影响范围和信任相结合的理想状态，这使得记者和影响者成了竞争对手。其他行业也有相同的趋势。比如，现在出版社会优先将作者的独家采访机会交给文学界影响者，传统书商排在后面。"

魅可赞助艾玛·杰洛德参加巴黎时装周

化妆品牌魅可（M.A.C）赞助比利时时尚博主艾玛·杰洛德（Emma Gelaude）参加为期三天的巴黎时装周。有赖于魅可的赞助，杰洛德首次得以进入时装秀的后台通道，与薇欧奈（Vionnet）、蔻依（Chloé）、安·迪穆拉米斯特（Ann Demeulemeester）等品牌亲密接触。在那里，她可以采访化妆师关于产品、趋势、灵感来源等问题。作为回报，杰洛德在Instagram帖子中提及了魅可，并且发布了关于巴黎时装周的Snapchat快照和YouTube视频。

魅可通过一场专场活动与杰洛德及其10 000粉丝建立关系，其中90%的粉丝都是魅可的目标群体。作为回报，杰洛德可以在时尚圣地巴黎度过美好的几天，向化妆师们学习知识，为她的社区带回具有附加值的内容。简而言之，双方都在合作中有所付出，同时也有所回报。这就是健康的影响者——品牌合作关系的运行方式。

工具

影响者营销越来越受欢迎，由此催生了大量的相关软件工具，使影响者营销管理工作变得更简便——前提是选对了工具。本书中，我列出了彼此互补、能够为用户创造附加值的若干个网站和软件安装包。但是好工具不局限于这些。新的安装包和版本层出不穷。鉴于本书篇幅有限，你们可以在http://wiki.kenburbary.com上参考详细清单。以下是我目前认为最佳的工具。

筛选影响者

筛选影响者在很大程度上是一项人工活。但这不意味着你不可以利用数字工具。Klout、Kred和PeerIndex是三个热门的影响者评分网站。与之相对，Social Blade则是通过收集数据来说明问题。

Klout

Klout通过100分制来衡量你在社交媒体的存在感。它的算法很复杂，但是核心是试图回答三个问题：你在网上影响了多少人？你对他们的影响程度有多深？这些人自身的影响力如何？点赞、提及、转发等参数都是衡量的标准。

这款工具常常被诟病，但是依然在十余年的时间里屹立不倒。而且包括微软和Salesforce在内的知名公司都与Klout保持合作。作为营销人员，Klout可以让你对潜在营销者的价值有初步的了解。当然，Klout的分数不仅仅代表一个人的粉丝数。评分之后，你需要权衡分数、品牌相关性及其他相关因素。

因此，利用Klout来检测和提升分数对于影响者而言是个好方法。你知道最快速的方式是什么吗？这是CEO 乔·费尔南德斯（Joe Fernandez）最常被问及的问题。于是，在2014年，他扩大了Klout的功能。自此，Klout不仅仅是测量影响力的工具，也是优质内容（关于如何提高分数）的分享平台。Klout从社交媒体"裁判"蜕变为社交媒体"教练"。

Kred

Kred是Klout的主要竞争者，尽管两者存在不同点。Kred的算法是公开接受大众监督的，主要基于两个分数来确定社交影响力。一个人的"影响力"代表他的帖子改变他人行为的可能性；一个人的"影响范围"代表他传播他人信息的难易程度，包括转发、回复、分享和提及的次数。

PeerIndex

PeerIndex提出三个核心要素：活动（Activity）、观众（Audience）、权威（Authority）。"权威"衡量影响者的相关性，这对于PeerIndex而言是一个大加分项。你的权威来源于你创造的互动数量。

PeerIndex比Klout和Kred更多地利用了奖励机制。你的分数越高，从公司获得的礼物越多。似乎PeerIndex的首要目标就是筛选影响者，从而让其评价产品。这固然没有错，但是如果你希望获取关于潜在影响者的更准确的分数，最好使用Klout和Kred。如果两者结合使用当然是最好了。

Social Blade

Social Blade采用不同的方法，主要通过收集影响者的所有相关数据。比如，你可以查看推特用户和YouTube主播的近期表现，包括转发、点赞和查看的次数。Social Blade还可以根据创作者和vlog博主的预估收入对其进行排名。作为影响者，你还可以在Social Blade上便捷地关注自己的社交网络成长。对于营销人员，Social Blade可以有效地帮你筛选出可以合作的影响者。

行动！

在我创作此书之际，YouTube收购了FameBut，Moz推出了Followerwonk，推特接管了Niche。社交媒体工具的更新换代就是如此快速。FameBit是品牌赞助视频的交易场所，它让品牌方和影响者互相接触。Niche也是如此。Followerwonk则专注推特数据分析。

要做的事情：在谷歌上搜索FameBit、Niche以及Followerwonk。这可以让你了解这些工具目前的拥有者、它们提供的确切服务，以及它们与你公司的相关性。定期了解工具：半年以后情况可能大有不同。

激活影响者

你可以通过多种方式激活影响者。在以下工具中，Social Seeder特别适合已经确定品牌大使的公司。Inflo则更多是一个让你接触新影响者的平台。

Social Seeder

Social Seeder自称为"宣传平台"。你可以借助它向品牌大使传递信息。员工、顾客、合作伙伴及粉丝可以自愿登录平台，在社交媒体上发帖称赞公司。由此，你可以让整个组织的自然生态系统活跃起来，这显然有利于提高你的信息的公信力和相关性。

作为公司，你可以通过Social Seeder的登录页面群发邮件给品牌大使，询问他们是否做好了传播内容的准备。这可以让你收集各种各样与公司相关的数据。你可以知道谁打开了邮件、谁访问了登录页面、谁分享了信息、在哪个社交网络分享信息、获得多少点击量。由此，你可以知道谁是最优秀的影响者，还可以在Social Seeder上比较不同营销行动的投资回报率。

比利时联合银行（KBC）将自己的员工培训为品牌大使

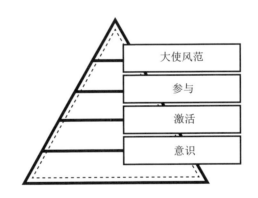

自2013年起，KBC让员工在社交媒体上担任品牌大使。这并非易事，因为该公司拥有超过15000名员工，数字能力、兴趣、居住地各不相同。由此，再加上与Social Seeder合作的原因，KBC决定采取"意识——激活——参与"层层递进的方式将其员工培养为品牌大使。

自2016年以来，该项目一直成果显著，主要原因是自愿品牌大使的细分以及管理层的参与度提高。比如，由于公司内部品牌大使的宣传，广告活动"让未来来吧"（let the future come）在社交媒体上大获成功。

Inflo

Inflo是为影响者、专业机构和品牌方打造的影响者营销平台。该软件将市场和社交网络的机制结合起来。通过"品牌化新闻室",影响者可以时刻关注公司未来的宣传活动,据此可以调整战略。因此,在这个模型中,品牌方不需要说服影响者与其合作,影响者可以自主申请合作机会。这可以让你与更多的巨型影响者合作,而不会让自己的项目失控。

Inflo数据库中只包含来自比荷卢经济联盟的影响者。由此,你可以确保影响者与你的目标市场相匹配。另外,你还可以找到各种类别的影响者:博客博主、vlog博主、名人、艺术家、表演者、利基影响者,等等。除了影响者的个人资料数据库以外,平台还提供公关工具和报告功能。

管理影响者营销活动

能够计算出一个明确分数的工具固然吸引人,但是分数不是全部。如果你想选择正确的影响者并为营销活动做好准备,那么你必须投入人力。话虽这么说,但是也有许多软件可以在影响者营销的不同阶段为你提供指导。有些软件助你识别影响者,有些软件重点为你提供分析和见解,还有些软件让你更便捷地发布内容和回复信息。最先进的工具集上述功能于一身。有赖于这样的应用,你可以把影响者营销当作一种新的创新营销渠道,而不是在现有渠道组合基础上新增的传统渠道。这正是最先进工具应有的样子,因为一站式的工具是确保影响者营销增加客户生命周期价值(Customer Lifetime Value)的唯一途径。

Engagor

Engagor是总部位于根特的初创公司,于2015年被美国软件公司Clarabridge收购。这款工具可以记录人们在社交媒体上对你的评价,并且让你在上面回复。它还可以帮助你找到相关影响者。Engagor 是一款强大的工具，不仅可以倾听社交网络的声音，还可以在上面发博文、开论坛、建新站点。该软件甚至可以在人们发布的图片中（未提及公司名字）识别你公司的标志。

但这不是全部。Engagor 还拥有强大的过滤和分析工具，为你提供更多关于目标群体的分布特征和行为的信息。另外，该工具不仅局限于影响者领域，还可以帮你组织全面的"社交顾客服务"。当然，这样强大的软件必然价格昂贵。因此，这款工具主要面向大型组织，比如 T-Mobile 荷兰分公司、欧洲议会以及 Telenet。

Traackr

Traackr 是具有欧美根基的影响者营销平台。它建立在影响者关系管理（IRM）技术基础之上，让品牌方能够有效地管理、测量和衡量影响者战略，同时保持真实性。

你可以在平台上寻找消费者信任的影响者，将他们细分并与他们沟通。为寻找合适的影响者，该平台对在线对话（基于你设置的关键词和筛选条件）进行分析，其算法根据以下三个主要的标准对影响者进行排名：影响范围、反响、相关性。Traackr 还为你提供测量和监督影响者的表现和粉丝的工具，以及客制化的报告，方便你对比影响者、内容以及平台。Traackr 的顾客主要是美容、技术、旅游及接待行业的全球性组织。

TrendSpottr

TrendSpottr 按照 0 到 100 分预测哪些内容最可能爆红。该软件计算分数的原则是某个事物被发帖的频率以及走红的速度。根据

TrendSpottr的评估结果，你可以更快、更有把握地了解最流行的图片、视频、标签及影响者。你可以通过标签或者话题来锁定你想要了解最新趋势的领域。该工具还可以与其他社交媒体平台兼容。比如，你可以通过HootSuite让TrendSpottr连接到Instagram，这样就可以快速对Instagram上流行的内容做出回应。

第 5 章　总结
何人做何事：
任务分配及工具

凝聚团队，分工合作——三种可能性：

1. 自主操办
2. 从外部聘请专家
3. 将影响者营销任务外包给专业机构

选择武器

确定影响者
- Klout ● Kred
- PeerIndex ● Social Blade

激活影响者
- Social Seeder ● Inflo

组织影响者活动
- Engagor
- Traackr
- TrendSpottr

提示

从一开始就让活动组织者和
公关部门参与进来。

第6章

连点成线：

内容…影响者…时机

🔥 你以何种形式传播何种内容？

🔥 何种影响者传播何种内容？

🔥 如何用一页纸归纳影响者营销计划？

"你不必规划影响者，只须激发他们的斗志。"

卡罗尔·拉马克

很显然，你需要制订影响者营销活动的计划和时间线，以此确定预算、组织项目、向高层汇报等等。但是不要忘记影响者不是你的雇员：你不能直接给他们分配任务，或者"购买"他们的劳动。某种程度而言，你需要争取与他们合作的机会，就像你试图赢得某个你喜欢的人的友谊一样。也许这听起来有点软弱，但是这可以让你避免传统媒体的直线型合作模式。这给予影响者更多发挥的空间，而这正是他们想要的。

你唯一能够规划的就是如何针对他们的抱负采取行动？你必须组织一场让影响者自愿参与的营销活动。你可以尽量让影响者的生活更简单（良好的组织），并且始终关注影响者心中的营销活动附加值（相关的内容）。是时候让我们将所有散落的影响者拼图拼接起来了。

你传播何种内容

你的员工很清楚你为顾客所做的一切努力，但是顾客对此的认知有时候存在差异。我在2000年前后就意识到这个问题了，当时我在比利时最大的通信公司比利时电讯（现为Proximus）担任市场经理。我每周都能看到产品开发者、沟通经理、财务专家、技术支持专员等，在处理堆积如山的事务。但是我每周也都遭受亲友们的批评轰炸："你难以想象我在比利时电讯经历了什么……"

认知的鸿沟巨大得令人沮丧，并且难以改变。如果有一位勇敢的员工在社交媒体上接管公司的责任，那么他将要面对这些负面认知以及来势凶猛、不计其数的不满的顾客。不过，你仍然可以通过巧妙利用影响者来缩小鸿沟。首先，你需要通过影响者信息框架确定和定位你的信息。

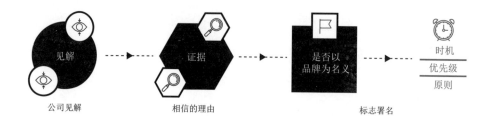

见解　　　　　证据　　　　是否以品牌为名义　　　时机
　　　　　　　　　　　　　　　　　　　　　　　优先级
公司见解　　　相信的理由　　　　标志署名　　　　原则

第一步：公司见解

列出公司面临的十个最常见的错误认知。这些就是公司见解。近期市场研究及顾客调查都可以作为很好的出发点。比如，你的公司产品也许被认为太贵，但是你知道实际上你的价格低于主要竞争者。这就是你想要与世界分享的见解。

第二步：证据

你的证据（让人相信的理由）必须基于令人信服的论点和/或铁一般的事实及数据。比如，"我们的基础产品比某竞争者的同类产品便宜12%。"有时候你手上已经有支持数据，但有时候你也许需要建立一个工作小组来专门寻找支持信息和数据。

第三步：是否以品牌为名义？

下一步，你需要确定哪些信息可以以品牌的名义传播，哪些信息需要通过影响者"分享"。营销人员通常渴望传播积极的新闻。但是当你的品牌正受攻击，为自己辩护未必是个好主意，即使你的论点很有力。在火气正盛的时刻，顾客不想听你说话，无论你的观点多么具有说服力。

想想你上次对某人生气的时候，你会"理智地"听他说话吗？你是否在更"中立"的第三方介入时才冷静下来？这就是影响者介入的时机。

即使在一切安好的情况下，让第三方为你说话有时候也是个好办法。很多潜在顾客会自动屏蔽你的广告信息。比如，当你的品牌不是他们"第一个想到的"或者他们对自己当前的供应商很满意的时候。同样地，市场中也有很多其他潜在顾客不在你的公司网络中。影响者拥有更大的公信力，可以将你的见解和理由转化为大众对你的信任。

第四步：时机、优先级以及原则

你还需要将以下三个因素加入影响者信息框架：传播信息的日期、每个信息的战略价值（低、中、高），以及领导力原则（产品领导力、成本领导力、顾客合作关系）。

影响者信息框架					
见解	相信的理由	品牌名义	时间线	优先级	原则

公司内容和公共内容

借助影响者信息框架，你可以准确地知道哪些信息对于你的公司而言是重要的。但是方程式的另一端呢？影响者及其粉丝不太可能对你的内容屏息以待。而你也知道有数百万竞争者在抢夺目标群体的注意力。这就更需要你从目标群体的角度去看待事物。

这可能从多个方面影响你的影响者营销战略。你很快会发现同时传播影响者信息框架中的所有信息是不明智的。你需要聚焦战略意义上最重要的信息，将这些信息与潜在顾客迫切想知道的信息连接起来。不可能做到？那么为何不将你想要传播的信息夹杂在公众最想知道的信息中呢？以下是寻找公众最想知道的信息的三种方法。

1. 与销售团队及客服交谈

潜在顾客最经常问什么问题？顾客主要面临什么挑战？你可以与经常接触目标群体的员工讨论这些问题。你的销售和客服团队就是影响者内容的"灵感金矿"。此外，他们不仅知道顾客经常问什么问题，而且还知道如何回答这些问题，因为这是他们的日常工作。所以给予他们向大众分享信息的机会。比如，你可以鼓励他们以网络表单的形式提交博客主题提议，或者邀请他们参加头脑风暴。

2. 开展关键词研究

人们每天在谷歌、YouTube以及其他搜索引擎上进行数十亿次的搜索。有些人（也许很多人）会搜索关于你的公司或者行业的信息。关键词研究可以帮助你找到最热门的问题和话题。谷歌拥有各种各样的工具，比如谷歌广告词（GoogleAdwords）及谷歌趋势。如果你想获得更深层次的数据，你可以使用其他免费（Übersuggest、关键词工具）和付费（SECockpit、KWFinder）工具。

3. 回收旧研究

没有人愿做自主研究。因为研究是一个很复杂、耗时和艰难的过程。正因如此，许多现成的研究结果成为优质内容的保障。因此，何不翻看公司文档库？由于市场研究不再属于保密信息，你可以将其用于影响者营销。于是，尘封多年的文件或者过去的展示重获新生，变成了推文、博文或者信息图片。

你以何种形式传播信息

你可以赋予内容许多不同的形态和形式。Samrt Insights的内容营销计划模版（Content Marketing Planning Template）可以帮助你选择合适的内容类型。

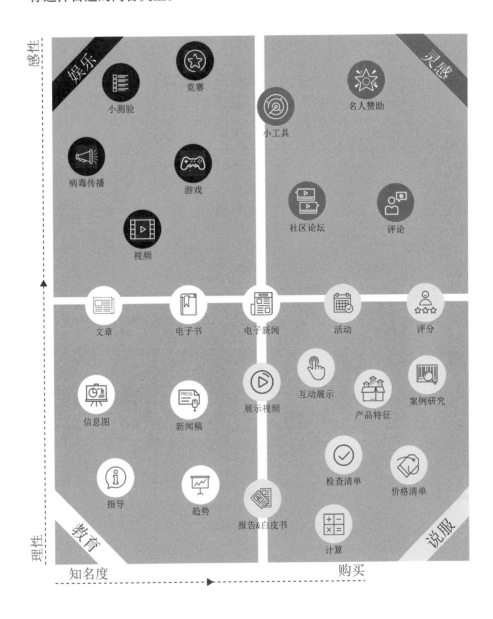

这个模版按照横纵轴排布内容类型。横轴代表营销和销售漏斗，从知名度向右延伸至购买。你的第一优先级是提升品牌知名度吗？那么最左边的选项对你的帮助最大。如果你想传播可以说服人们购买产品的内容，那么你应该看最右边的选项。纵轴区分理性和感性内容。

由此产生四个内容分支：娱乐、灵感、教育、说服。当然你也可以自行添加新的分支，只要方便你选择符合自己营销目标的内容形式即可。

何种影响者传播何种内容

现在你知道该传播什么内容以及如何传播内容了。下一个问题是，你该利用谁来传播这些内容？大部分情况下，你可以凭感觉找到最适合传播某种信息的影响者类别。有些信息可以通过不同类型的影响者来传播，只要改变侧重点或者语气即可。以下是基于第2章的Traackr影响者细分提出的整体指南。

🔥名人

这类影响者的影响范围甚广，但是他们的相关性有限。因此，你最好选择那些真心喜爱你的品牌的名人，挑选那些能够让他们听起来更具说服力的信息。你要让名人成为焦点，因为这才能激起广大群众的兴趣。

🔥权威人士

权威人士能够消除目标群体的恐惧、不确定和怀疑。如果你想要推出一款创新产品，这是至关重要的。权威人士可以帮助你消除疑虑，只要你可以为他提供可以增加社区附加值的内容。你越经常这样做，效果越好，因为权威人士通常在三项影响力指标上的表现都很好：影响范围广泛、专业领域相关性强、社区参与度高。

🔥 联络者

联络者只能对你的影响者营销目标产生间接影响。然而，他们通常富有同情心，容易合作。他们喜欢将新人和新信息连接起来。你可以让他们参与项目，从而扩大他们的社交网络。作为回报，他们也许会带你认识其他之前一直无法接触到的影响者。

🔥 个人品牌

如果你的营销活动能够助影响者发展自己的品牌，他们会很乐意与你合作。你可以提高他们的形象、为他们提供可以帮助他们增加谷歌搜索存在感的内容或者帮助他们增加粉丝数量。只有这样，他们才会愿意支持你。

🔥 分析者

分析者的影响力通常被低估，因为影响者通常是影响范围有限的微型影响者。尽管如此，这些相关的、独立的资源也具有重大价值。如果你为分析者提供原始数据和市场研究，你将收获更详尽的分析。此外，他们的（正面）分析结果可能对你的品牌宣传十分有利。你可以让他们在广告、销售展示以及博文中以"客观"立场展示自己的分析。

🔥 积极分子

积极分子常常站在公司的对立面。不必害怕这种对抗。因为你无视他们的意见不代表其他人也会无视。积极分子通常听不进感性的论点，但是你可以用事实和知识撼动他们，尤其是通过第三方来证实信息的可信度。

🔥 专家

专家通常知道得和你一样多，甚至比你多。所以你可以利用他们来丰富你的宣传内容。比如，你们可以共同创造一个史无前例的新信息图。但是如果你自己创造信息图，专家会取之、改之，并用之征服整个网络世界。

🔥 业内人士

业内人士通常有着不为人知的规划，因此你需要提前知道他们的规划。如果你的内容创意会损害他们的潜在利益，那么你不可能获得合作机会。更有甚者，他们可能会以其人之道还治其人之身，以此进一步靠近自己的目标。你们的计划互相兼容吗？如果兼容，那么你将拥有一个可靠、积极的合作伙伴。

🔥 创新者

创新者的想法多如牛毛。你不必照单全收，只需要坚持自己的核心思想，为他们提供可以引发相关讨论的内容。

🔥 记者

记者的资源有限，而且时间紧凑。他们喜欢省事的内容，比如可以直接复制的新闻稿或者图片。这意味着你可以或多或少地决定公司和品牌如何呈现在报纸上。

重述要点

这个简单的分步计划可以让你知道自己处在影响者营销计划的哪个阶段。

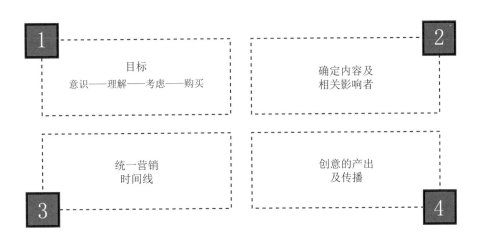

在前一章中，你已经确定了影响者营销的目标。在本章前面的内容中，你进一步思考了宣传内容及影响者的选择问题。现在我们需要考虑时机问题。在下一章中，我们将继续探讨实际宣传内容的产出和传播问题。

影响者营销的"画布"

根据不同时机，你将影响者营销的所有相关因素分布在一张"画布"上。我喜欢将事情的全貌呈现在一页纸上。这张概览图可作为这一创新营销形式的公司内部提案。所有相关方都可以一眼看出你的计划。

影响者营销的"画布"

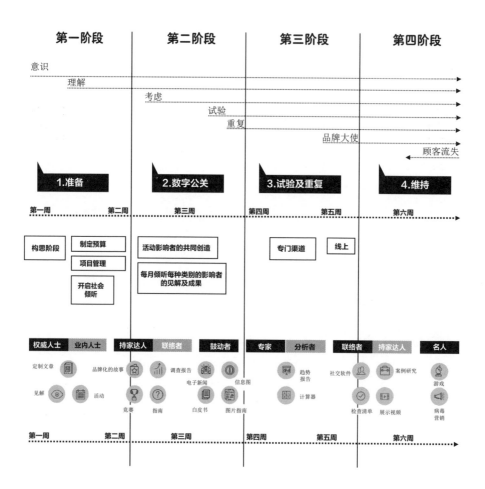

以上是一份匿名的影响者营销"画布",适用于产品发布时期。当然,现实总是比理论复杂。比如,在表格上方,你可以看到营销漏斗,从最开始调动利益相关者的意识和加强品牌理解,到最后形成品牌大使以及避免顾客流失。实际上,事情极少沿着直线发展。当一个消费者第一次了解你的产品时，另一个消费者已经成为你的品牌大使了。尽管如此，这样的细分方法仍可以让你更好地理解分步计划。

第一阶段：准备

营销漏斗之下，你可以看到需要采取的最关键的行动。不要低估准备阶段的工作量。比如，在构思阶段，你需要与组织中的所有利益相关者谈话，与他们交流想法、讨论成功因素并试着让他们尽可能地参与进来。简而言之就是一场关于整个项目的头脑风暴。为避免战线过长，你可以设定截止日期。到了截止时间，你可以向老板汇报最终计划及相关的投资。

如果相关预算通过，那么你就可以开始组织项目了。你可以将项目分成若干个不同的任务，指定一名项目经理（或者自己担任）。最后，开始倾听社交媒体的声音。人们如何讨论你的品牌？影响者如何讨论你的行业？小公司可以在几周时间内完成这一阶段。跨国公司可能需要数月时间来完成头脑风暴、预算通过、分配任务及监控社交网络的整个过程。

第二阶段：知识分享与创造

现在你可以处理第一阶段收集的信息。首先，公司内部员工或者影响者营销专家利用第5章提到的或者其他工具，拟订一份有潜在合作可能的影响者名单。接下来，经过与项目经理、CMO以及CEO讨论，逐渐削减名单。最终名单只包含5～20个符合事先设定的参数和目标的影响者。最后，画出每个影响者的轮廓草图。

现在你可以开始创作内容。你可以与大量的影响者协同进行。这种情况下，不妨举办一场活动，让影响者了解你的"讲故事"和"造故事"计划及影响者营销战略。通过这种方式，你可以迅速与影响者建立私人关系，同时还让他们有机会熟悉你的品牌和计划。

第三阶段：实施与重复

这是你向目标受众发布影响者营销内容的阶段。比如，你可以邀请一位影响者参加专场活动，同时让另一个影响者通过其最喜爱的渠道发布独特的内容，也许还可以辅以一场有趣的线上大众传播活动。重点就是在不同地方以不同形式重复传播你的信息。重复总是奏效的，无论你是在学校学习还是试图传播重要的营销信息。

第四阶段：持续

你的影响者营销必须是不断循环往复的。我在此书重复强调了这点，但是我必须重申一遍：影响者营销不是一次性的活动，而是一个持续的过程。内容发布之后，还有许多事情要做：倾听社交媒体的声音、调整内容、组织下一场活动，等等。即使你决定在一段时间过后减少或者停止对外宣传，与影响者维持良好关系仍是必要的。我们将在第8章详细叙述这方面内容。

内容类型与影响者类别

在"画布"上的四个阶段下面，你需要写下影响者类别及内容类型。首先，你需要确定在上述四个阶段中哪些影响者最可能帮助你达成营销漏斗中的各项目标。此后，你需要为每一个影响者选择最适合的内容类型。

"画布"完成之后，你可以看到影响者营销过程中最重要的信息都聚集在一页纸上。目标、行动计划、影响者类别以及内容类型都一一分布在时间线上。本书的例子适用于某个特定品牌的某个特定产品的发布时期。你的影响者营销"画布"必然不同于此，即使你也处于新产品上市阶段。

请记住：影响者营销过程中的各种因素相互交织的情况会比这个线性模型复杂得多。即使如此，这个模型仍然是一个有用的工具，既可以帮助你向利益相关者展示计划，又可以让你纵览整个流程。

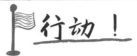

　　根据实际情况，在你的影响者营销"画布"上添加不同的元素。你希望增加或者删除哪些目标？你想（或者不想）采取哪些行动？哪些影响者类别及内容类型可以最好地帮助你达成目标？你想在哪种场合实施这四个阶段的计划？

总统选举中的影响者营销

　　从理论走向实践？我们可以做到！回顾巴拉克·奥巴马（Barack Obama）在2008年和2012年的总统选举，你会认为他一定是事先看了本书，而且将其中的所有提示发挥得淋漓尽致！

　　奥巴马的个人品牌效应为其后来的成功奠定了基础。他很好地利用了自己与生俱来的魅力——演讲天赋及强烈的家庭观念。此外，他也寻找合适的社交网络影响者。奥巴马曾活跃于脸书、推特及谷歌加（Google Plus）。2012年，他甚至还在备受数字原住民追捧的红迪（Reddit）论坛上组织过一场问答活动。

在选举前后，奥巴马都与影响者维持良好关系。他的推特粉丝是最先知道乔·拜登（Joe Biden）是其竞选伙伴的人群，甚至早于官方新闻发布。[46]当选总统之后，他邀请具有影响力的YouTube创作者到白宫，寻求他们对美国医疗系统改革的支持。[47]这种见面活动是影响者营销战略性活动的典范。

奥巴马的渠道组合也为其筹集了不少资金。除了活跃于各大网络社交媒体，他还利用传统广告、用户创造的内容，甚至自主研发的苹果软件作为其宣传战略的一部分。通过"奥巴马支持美国"（Obama for America）助选软件，用户试图说服身边的联系人为奥巴马投票。[48]软件可以根据位置排列联系人。处在竞争最激烈的"摇摆州"的联系人会显示在页首，由此你可以知道应该优先联系哪些人。

所有这些努力最终结出了胜利的果实。没有任何其他候选人能像奥巴马一样从如此多的普通市民中获得如此多的经济支持。[49]此外，整个竞选是一个自我增强的过程。奥巴马筹集的资金越多，他就越活跃，无论是线上还是线下。当然，大部分功劳应该归于他的宣传团队。你无法单靠自己赢得竞选。这是陈词滥调了。不过正如大部分陈词滥调一样，这是有事实依据的，尤其是对于政治和营销而言。

第 6 章　总结

连点成线：
内容…影响者…时机

内容：

根据影响者信息框架确定和定位你的信息

找到你的目标受众最喜欢接收的内容。

1. 与销售和客服团队交流
2. 开展关键词研究
3. 回收利用旧研究

影响者

让影响者以最合适的形式传播最合适的内容。

只要记住不同的影响者类别名称，选择很简单。

通过稍微调整侧重点或者语气，让不同的影响者传播相同的信息。

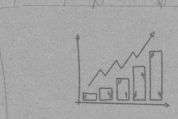

时机

将影响者营销的各种不同元素集中在一张"画布"上，以便纵览全局。

第7章

内容的创造与传播

🔥 什么是磁性内容？

🔥 如何创造和发展这类内容？

🔥 如何传播内容以获得最大的效果？

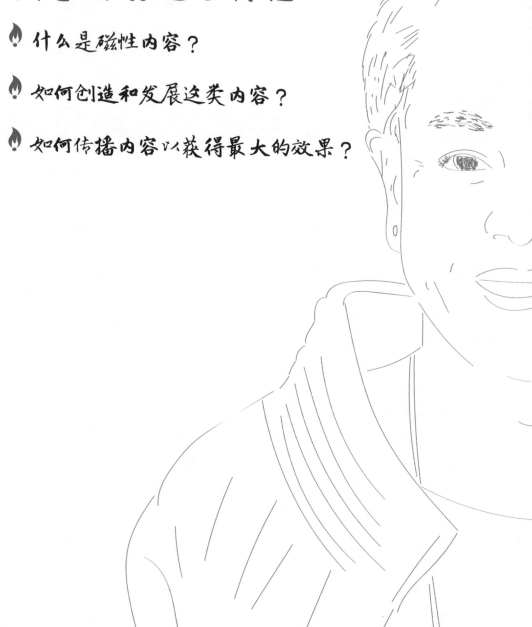

"不是信息过剩，而是筛选失败。"

克莱·舍基（Clay Shirky）｜新媒体教授

2008年，克莱·舍基教授在一场讲座中用上述简短的一句话概括了在线内容存在的问题。

内容过剩是个老生常谈的问题。几百年来，人们一直在创作大量的书籍和诗歌。但是在过去，比如1850年，不是每一本手稿都有面市的机会。书籍的印刷成本非常高。而且你永远无法预知这本书是否能够赚回本。因此，出版社承担了筛选的工作。只有最优秀的内容才能得以印刷成书，并广泛流传。

互联网的出现极大地降低了出版的成本。那些被满心期待出版的作者尘封于抽屉中的手稿终于得以发布在网络上。舍基认为，正是由于这个原因，我们无法区分糟粕和精华。

舍基的精炼名言很快在网上流传，但是有人不同意此观点。作家尼古拉斯·卡尔（Nicholas Carr）甚至颠覆了舍基的观点："不是信息过剩，而是筛选成功。"[50] 换言之，我们的筛选机制不是太少了，而是太多了。而这并没有减少内容，反而给我们带来了过多的内容。试想搜索引擎、智能手机以及社交网络上的虚拟助手。这些工具成功地为我们筛选了信息，因此我们几乎可以不间断地处理内容。

接下来，我们将讨论如何创造更多内容。啊！这真的是一个好主意吗？是的，不过只有在你创造的内容具有明确的附加值的情况下。那些筛选工具可以将你的内容快捷地传递给有需要的人：目标群体。因此，这些目标群体会很乐意接收你的信息。实际上，你作为营销人员的商业利益与你的（潜在）顾客的利益是平行的。你只要像传统出版社一样筛选新内容，每个人就可以从中受益。只有最好的内容才值得全球范围的平台进行传播。

磁性营销内容

归根溯源：我对内容的感知能力应该归功于在Sonama媒体担任业务部经理的九年。当时，我周围的同事都热切地追求势不可挡的内容。从他们身上，我学到了什么是势不可挡的内容，如何向不同的群体传播这类内容，以及如何近距离接触目标群体。通常情况下，编辑对读者的了解程度——知道什么内容对于读者而言是重要的，高于公司对顾客的了解程度。影响者对顾客的了解程度则更高，因为他们就是顾客社区中的一员。

我将个人经验归纳为一份磁性营销内容检查清单。磁性内容应具有真实、调频化、感官化、吸引力、快速化和个性化六大特性。

1. 确保真实性

欢迎来到自拍的时代。在社交媒体崛起之前，某种程度而言，报纸是你唯一能见到真实照片的地方。除此之外，还有广告中的舞台图像。现在，我们每个人每天都能看到大量用户创造的内容。比如，Instagram和Sanpchat上的真人照片。Getty Images的视觉趋势总监帕姆·格罗斯曼（Pam Grossman）证实了这点："人类从未如此擅长鉴别虚假。观众的眼光变得更加老辣。他们最想要的是真实的东西。"[51]

这意味着品牌方需要寻找真实照片。你可以使用Photoshop，但是不要痕迹太明显。如果你面对一群年轻的目标群体，最好使用Snapchat

和Instagram自带的滤镜。据此，你创造的内容更能引发目标群体的兴趣，你的图像更具辨识度，年轻人也更可能成为你的故事的粉丝。

如果影响者为你的品牌创造内容，那么你的内容自然可以变得更真实。因为你在和真实的人合作，而他们的粉丝可以在他们身上照见自己。此外，影响者对于创新营销向来都是态度积极和警觉的。比如，他们会用最流行的滤镜处理照片和视频。社交媒体需要大量的内容，但是只要你给予影响者足够的自由，这一切都不是问题。他们会本能地创造差异化的信息，因此信息的频繁传播不会烦扰到任何人。

因此，作为影响者营销人员，你可以让影响者决定内容形式的真实性，但是始终要监督和确保核心内容是真实的。比如，你不能让一个未拥有驾照的16岁孩子驾驶昂贵的跑车。除非你能巧妙地将其转化为自身优势……

在未拥有驾照的情况下推广汽车

萨米尔·科比（Samir Korbi）是一位比利时影响者，他在YouTube频道UP2D8上发布vlog。由于拥有超过20000订阅者，他成了公司和品牌方感兴趣的合作伙伴。2016年8月，正值夏季的精灵宝可梦GO（Pokémon Go）热潮，他与汽车制造商欧宝合作推广一款叫欧宝亚当（Opel Adam）的新潮汽车。

科比表示："我们决定将宣传活动包装为'精灵宝可梦GO挑战'。这个想法是欧宝提出来的，不过很符合我的风格。当时，我和千千万万人一样每天玩精灵宝可梦GO！此外，欧宝还给予我充分的自由发挥空间，这样我就可以取悦我的粉丝。和我一样，粉丝也迫不及待地想参加挑战。"

问题只有一个：萨米尔没有驾照（他的许多粉丝也一样）。视频没有刻意隐瞒这个信息。相反，视频展示了萨米尔第一次上驾驶课程的情形。这不失为一种真实、巧妙地展示欧宝亚当全貌的方法。

2.运用调频化

调频的字面意思是"音调变化或者改变音调和音量"。讲故事专家西蒙·曼华林（Simon Mainwaring）也建议品牌方"变换"声音。这样可以使故事具有吸引力和新鲜感。耐克在这方面表现尤其出色。在其宣传活动中，耐克变换使用体育巨星和日常运动男女作为代言人。积极进取的与可辨识的内容之间的变换使用有效调动了耐克社区的积极性。

你可以在B2B宣传活动中采用调频手段。你可以鼓励潜在的和现有的顾客仰望行业中的佼佼者，但是也要让其中的平凡者有机会表达自己

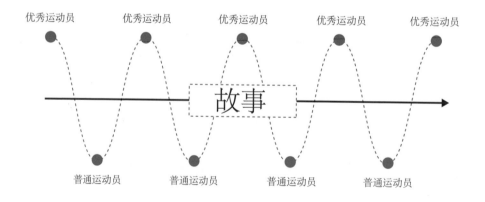

的看法。通过这种方式，你可以让人们感觉到未来是金色的却不是遥不可及的，以此激发他们的斗志。

3. 带来感官体验

你调动的感官越多越好。如今，最出色的网站不仅在于视觉效果好，还在于能给观众营造影院式的感官体验。达到这种效果的方式有很多种。即使在智能手机上，你也可以创造性地使用各种功能，比如震动模式。现在许多品牌与顾客的关系不再纯粹是功能性的。一个有力的证据就是，许多网站将具体任务与明显的励志内容结合起来。

Squarespace的营销人员希望告诉潜在顾客，其网页创建工具可以帮他们实现全新感官体验。为此，他们创建了一个测试网页。这是一个引人入胜、富有娱乐性的多媒体网站，访问者可以在上面听（以及购买）演员杰夫·布里奇斯（Jeff Bridges）的"睡眠磁带"专辑。

4. 用纯美去吸引

纯美的事物总是能够吸引人，即使在这个信息过剩的时代。美好的事物不会干扰任何人。在理想情况下，纯美的内容也具有真实、调频化及感官化的特点。

1985年6月，一位名叫沙芭特·古拉（Sharbat Gula）的平凡女孩出现在《国家地理》（*National Geographic*）杂志封面上。在她的脸部特写中，深邃的绿眼睛直视镜头，这象征着阿富汗战争以及颠沛流离的难民的悲剧命运。2016年10月，即使时隔30余年，她被短暂收押的消息仍然一度成为轰动世界的新闻。

5. 实现快速化

这是磁性内容的第五个支撑点，也被称为"时事性"或者"灵活性"。在理想状态中，你不仅希望快速地与顾客建立对话，还希望可以"在当下"行动起来。如今，我们花费太多时间忧虑未来，以至于不懂得珍惜当下真实的生活。你参加摇滚音乐节的时候会深切感受到这点。雨水会弄花你的妆容，泥土会弄脏你的衣服，但是又何妨？你当下只感觉到纯粹的快乐。如果你能让顾客对你的品牌产生同样的感觉，那么你将会成为真正的赢家！你将与顾客建立终身的联系。因此，你需要尽可能寻找这种"享受当下"的内容。

不过，速度本身也是制胜的加分项。如果你常常能够以最快的速度分享信息（新闻、数据、分数等），那么社区很快就会对你产生很强的依赖性。小公司通常很少（甚至没有）发布新内容前进行审核的程序，因此相比大公司，它们更为敏捷，能够更快速地收集和传播行业新闻。从另一方面而言，由于大公司通常自主出资做市场研究，它们理所当然可以首发信息。不过，随着如今的市场研究费用不像以往这么昂贵，小型组织也越来越有机会享有这种优势了。低频（比如两年一次）却富有新闻价值的研究如今成为大部分公司力所能及的事，而且也吸引了传统报纸和影响者的目光。

6.追求个性化

任何时候看到自己的名字被印刷出来，我们都会乐不可支。个性化的邮件依然令人感到欣喜。得到认可能够激发人们强烈的情绪，而情绪可以驱动行为的改变。在过去十余年间，比利时啤酒商Vedett将顾客投递的照片印刷在啤酒瓶的标签上。其销售额的年年高升证明了这是一个聪明的做法。[52]明日世界（Tomorrowland）舞蹈节也懂得与游客建立连接。他们将来自世界各地的21万条个人信息永久地刻在了场地的一座桥上。[53]更大的亮点在于，这座桥是由当时的联合国秘书长潘基文揭牌的。他传递的信息——"让我们齐心协力，为所有人争取尊严"，也刻在了桥上。效果如何？舞蹈节获得了大量媒体的关注，还获得了21万人的终身代言。由于自己的个人信息永恒地镌刻在桥上，这些人会永远觉得自己归属于舞蹈节。

行动 ！

评估你的公司在过去一年里分享的内容。哪些内容得分最高以及它们的形式是什么？内容创造很重要的一个方面就是复制成功经验。顾客的见证分享是否持续创造新流量？如果是，那么你可以继续打这张牌。信息图是否引发热烈反响和分享？问自己哪些话题可以运用相同的信息图配方？

请记住：根据上述的六项"磁性"法则，定期更新首页内容。比如，尝试在最出色的内容上运用调频手段或者增添个性化色彩。这种微调的方式不费时，但是相比从零开始创作新内容，更能显著提高成功率。

你没有现成的内容？或者你希望补充新想法？接下来，你将学习如何达成这些目标。"创新营销轮盘"将带领你步入正轨。

创造和协同创作

你可以通过以下三种方式之一为影响者创造磁性内容：品牌方（或者营销专业机构）可以为影响者提供现成的信息；影响者可以根据任务指示自主创造内容；或者品牌方和影响者可以协作撰写博文、推文以及制作视频。

1.品牌方自主创造内容

优势

你可以完全掌控内容。

———

劣势

费时且无法保障内容的真实性。

———

如果你决定自主为影响者创造内容，那么你需要尽可能地了解他们的想法。他们如何思考？他们想要什么？你会很容易关注产品的优点，希望最终的内容处处显现你的广告标语。但是影响者不会像品牌方一样传播内容，他们不会喊口号，也不会直接说："现在就购买吧！"

2.影响者创造内容

优势

充分发挥了影响者的创造力和真实性。

———

劣势

你无法掌控内容。

———

让影响者自主创造富有创意和灵感的内容优势很多。影响者懂得与粉丝的相处之道，通常具备创造磁性内容所需的创新和技术能力。

但请注意：除了初次沟通以外，这个方式也会消耗你大量时间。首先，你需要向影响者进行详细的说明，向他们传达你的期望以及相关规则。据此，你可以对影响者实际创造的内容产生些许影响。你也可以要求他们在发布内容之前提交审查，尽管有些影响者不喜欢自己创造的内容遭到如此重重审查。此外，审查过程会减慢内容发布的速度，而且会破坏影响者所传播内容的真实性。因此，你们需要事先商定这些基本原则。通常情况下，信任影响者是有好处的（否则你为何与他们合作？），尤其是在你们之前合作过或者你很喜欢他们此前的作品的情况下。放权不是易事，但是最好习惯这种方式，因为这越来越成为常态了。

3.品牌方和影响者共同创造内容

优势

你可以做到两全其美。

———

劣势

协同创作是一种新型营销手段，组织内部的人可能需要一段适应时间。

———

协同创作影响者营销内容是最可能实现双赢的方式。通过协同创作，双方可以创造一种令公司满意同时又让影响者感到真实的内容。公司可以关注营销目标，同时影响者也可以尽情发挥自己的创造力。

在富有成效的头脑风暴中，双方的角色界限变得模糊。营销人员会汲取影响者的创意，而影响者也会提醒营销人员顾及双方的潜在回报。

"在未来，你不需要向影响者推销自己，

而是与他们一起推销。"

艾米丽·加维（Emily Garvey）| 汉威士传媒（Havas Media）高级副总裁

你需要为这种创新的模式提供一个清晰的框架和适当的解释。这是确保相关人员理解你的想法并做好准备的唯一途径。否则，你的头脑风暴会陷入混乱。"创新营销轮盘"为你提供必要的框架和指导。根据这个模型，你可以在一场时长仅为2.5小时的协同创作会议中提出数百种内容创意。

创新营销轮盘

"创新营销轮盘"是佛兰德斯创新区（Flanders DC）开发的GPS头脑风暴组件中的一款应用。通过这套组件，你可以针对一系列广泛的话题快速地提出数百种创意。我曾和维京移动（Mobile Vikings）的前CMO多里安·阿尔兹（Dorian Aerts）一起参加营销头脑风暴，以寻求符合公司营销需求的创意。该组件是以下步骤的基础。接下来我将归纳总结在创新营销过程中如何开发创新内容。你可以在相关网站上找到关于GPS的详细教程。

创新营销轮盘

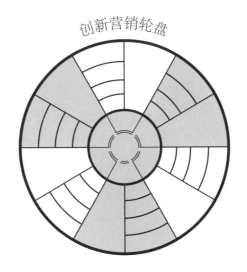

头脑风暴前

在邀请大家参加创新内容头脑风暴之前，你首先需要用一个中心问题概括会议主题。这个问题必须与公司的战略相关联，可以考虑你侧重的领导力原则（参见第3章）。问题还必须是开放的、不确定的、以行动为导向的。你可以尝试设定具体的数据和截止日期，但是关于如何实现目标的途径是开放的。你可以提出以下以"如何"开头的问题，比如：

🔥 到2020年，我们将如何在数字平台进行品牌宣传？

🔥 在未来3年内，我们如何实现对影响者的投资回报翻倍？

下一步，选择五个趋势或者战略风向，将其置于创新营销轮盘的内圈。最内圈保留空白，作为头脑风暴中最疯狂想法的备用地。这样做的目的是将整体趋势和行业趋势结合起来。重点是不要太具体。宏观的话题或者目标不属于核心业务，但是为核心业务服务，通常可以激发巨大的创造力。比如，银行可能会针对经验经济（整体趋势）和P2P借贷（行业趋势）进行头脑风暴。用几句简短的话概括主题，这样参会者可以很快进入状态。

最后一个准备步骤：选择参会者。人数最好控制在10 ～ 15之间。不过，我也有见过人数仅为8人的小组取得了不错的成绩。你需要确保小组具有多样性，包含内部人员（管理者、生产团队、宣传团队等）和外部利益相关者（顾客、供应商、影响者等）。小组越多元化，想法越出乎意料和富有创意。一个好的小组应该包含三分之二的自己人和三分之一的局外人。在营销的背景下，小组成员可以包括：

1. CEO

2. CMO

3. 客服总监

4. 产品经理

5. 财务总监

6. 销售经理

7. 影响者1

8. 影响者2

9. 品牌大使

10. 知识合作伙伴

第一轮：提出想法（30 ～ 60分钟）

简单介绍之后，参会者以两人小组为单位，每个小组正对着创新营销轮盘中的其中一个趋势坐下。不要让任何人落单。让参会者落单是常犯的错误，会极大地减少产出结果。如果人数是奇数，最好以三人为一组。让每个小组针对自己对应趋势的中心问题提出想法。本轮不考虑预算及其他限制。参会者把想法写在便签上，将其贴在轮盘对应趋势的位置。轮盘上的趋势以外的想法则贴在最内圈的空白格上。

12分钟之后，转动轮盘，这样每个小组对应一个新的趋势。重复上述头脑风暴过程，但是得加快速度。转动轮盘的间隔时间越来越短，这样参会者不会有太多斟酌的时间，只能不假思索地写下自己的想法。最后一圈的时候，两人小组只能有5~8分钟思考时间。最后一圈之后，每个人又回到最初面对的趋势。

第二轮：整理想法（10分钟）

这一轮中，两人小组将相似的建议合并起来。接下来，他们确定哪些想法可以在短期内实现，哪些想法可以在长期内实现。每个趋势用分成左右两半的锥形图表示。右边区域留给短期实现的想法，左边区域留给长期实现的想法。

第三轮：挑选想法（30分钟）

给每个两人小组分发8张黄色和红色便签纸，他们可以用其投选出最好的想法。如果轮盘上有超过120个想法，你可以分发多一些便签纸。红色便签纸用来投选短期内成功率最大的想法；黄色便签纸则用来投选长期内成功率最大的想法。这轮中，参会者不必拘泥于上一轮的分组。

让参会者投选能够激发他们能量的大胆想法。你要加快节奏：那些深思熟虑的人往往偏向更安全、更传统的想法。投票结束之后，分别列出前10个或者前20个最受欢迎的短期和长期想法。让每个参会者在这份最终清单中挑选自己最倾向的前3个想法。如此一来，无须讨论，最好的想法很快就会浮出水面。

头脑风暴之后

其中一个参会者需要做会议报告，包括最受欢迎想法清单以及所有便签的照片。报告最好在头脑风暴一天之后进行，不要超过一周。接收报告之后，参会者开始行动：摒弃那些不现实的想法，亲自实施一部分想法，指示影响者开始创造内容。由于大家都参与了创新营销轮盘活动，因此很快就能达成共识。

你能接招吗

至此，头脑风暴为你提供了许多真正的好创意，影响者利用这些创意为你创造了许多精彩的内容。现在你可以开启营销活动了——除非你忽略了一件重要的事：网站。你可以将内容创作的任务交给影响者，但是当影响者如约交付之后，你该做的事情是什么？瞬间，一大批新访客将涌入你的网站，而这就是你需要做好准备的事情。

最关键的是，建立活动专属的登录页面。这可以让你更好地接待新访客。此外，独立的登录页面也更方便测量活动的影响力。登录页面的视觉风格应该与影响者创造的内容匹配，最好添加大量的引述。

从技术角度而言，移动设备友好型的设计越来越必要。影响者创造的大部分内容都是通过移动设备被阅览的。你是否计划线上销售产品？请务必事先做好全面测试，以免对产品感兴趣的顾客因为技术故障放弃购买。这不仅会让你流失顾客，而且还会让影响者难堪，因为他们将自己的名誉与你的服务质量捆绑在一起。最后的结局将会是双输，而不是双赢。

最后，确保登录页面便于在社交网络分享。影响者已经点燃星星之火，但是只有访客点击"分享"键，才能燃起燎原之势。

内容传播：征服万维网

传播内容和创造内容一样重要。如果你创造的磁性帖子和信息无人阅读，那么也是一场空。想象一下：你投资了一个电视广告，但是只付费播出一次。这简直就等于用钱打水漂！然而，这就是许多在线内容面临的窘境。这些内容在社交媒体露面一次，反响寥寥，很快就烟消云散了。

为避免这种境况，你需要在内容传播方面投入与内容创造同样多的时间和资源。你的条件不允许？那么至少从内容创造上转移部分时间和资源到内容传播上。毕竟有人看的优质内容胜过无人看的精品内容。

品牌方和影响者都通过三种途径传播内容：自有媒体、口碑媒体以及付费媒体。

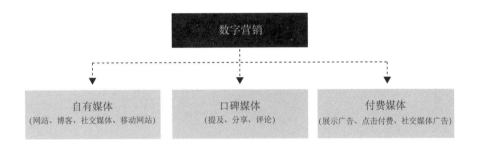

自有媒体

自有媒体是你可以全面控制的渠道和平台。你可以决定发布哪些内容，而且免费。你最重要的自有媒体就是网站、博客、社交媒体网页、邮件名单。后者常常被忽视。没错，邮件营销已经过时了。但是关于脸书和邮件营销渠道的对比研究表明，整体而言，同等数量的新闻订阅者的价值高于脸书粉丝。

MailMunch分析了所有数据。[54]脸书信息的影响范围在2% ~ 6%之间，而邮件的平均点开率高达21.73%。电子邮件营销的点入率是脸书或者推文的50 ~ 100倍。而且电子邮件引发的对话超过其他任何渠道。社交媒体在提高参与度及塑造品牌方面表现更出色。不过，这说明两种渠道相辅相成，都在你的营销组合占据一席之地。你的营销目标决定你的侧重点。

内容传播从你的自有媒体开始。打出你的所有王牌。影响者可以通过微调的方式将相同的内容发布在不同的渠道中。比如，你可以分别在YouTube和脸书上发布相同的视频。同理，你还可以将Instagram上的图片发布在Snapchat上，在推特上推广博客内容。

这种方法同样适用于品牌方。他们可以在不同地方以不同方式分享内容。许多公司在官方产品宣传时期成功做到了这点，但是问题是他们忽略了影响者内容的存在。你需要在自有媒体上给予影响者发挥的舞台。你们之间的合作不会成为秘密。你参与了内容的创造，想必你也会以最终结果为傲。所以何不将内容分享到脸书主页呢？如此一来，你也通过帮助影响者扩大影响范围和知名度的方式回馈了他们。

内容传播不应局限于互联网。你还可以在公司总部门口的大屏幕上播放视频，歌颂公司的丰功伟绩。同样地，你可以在纸质宣传手册或者年度报告上引述权威人士或者分析师的激情澎湃的名句。

付费媒体

多年以来，脸书等社交平台不断地吸引着群众和品牌入驻。平台上的公司页面更容易吸引数百甚至数千粉丝，而且可以让你免费与粉丝对话。拥有这样的媒体可以让你收获很多。但是今时不同往昔。现在越来越多的人活跃于大型社交网络平台的 APP 和网页，因此这些平台决定是时候开始扩大盈利范围了。

由于有机内容逐渐被过滤，公司需要投入广告才能接触到跟以往同样多的人群。从经济角度而言，只要策略明智，这仍然是可行的，这和传统广告的道理一样。一切要从选择最契合你的目标群体和营销目标的渠道开始。以下分类概述可以为你指点明路。

谷歌广告词

这个渠道特别适合传播篇幅较长的内容（比如博文）。你的广告应该以谷歌上的搜索关键词为基础。请记得关注不同方面的关键词（产品、销售以及解决方案）。影响者主要对推广自己的内容和附加值感兴趣。比如，"购买某智能手机"这样的关键词对于分析师而言是没有必要或者没有意义的。这是制造商应该考虑的事情。分析师应该在"点评某智能手机"或者"2010 年智能手机趋势"等关键词上投入广告。

领英

领英拥有超过 1 亿的月活用户，是最大的商业网络。因此，B2B 公司可以在这个平台上接触大量的目标群体。此外，你还可以根据人群特征、兴趣甚至雇主信息界定目标群体。据此，你可以让广告定向投入到特定的公司，这在利基市场很有帮助。

脸书

脸书是世界上最大的社交网络，拥有超过20亿的月活用户以及大量关于这些用户的信息。你可以利用这点开展高度定向的影响力营销活动。你可以在脸书上投入广告，以此扩大有机内容的影响范围，增加品牌粉丝数量，吸引更多人访问你的网站。

推特

推特也可以提供多种定向选择。你可以基于语言、性别及兴趣等宏观类别投入广告，也可以进一步细分。比如，你可以瞄准某个账号的全部粉丝，拥有同一款手机的全部用户，或者近期发布过同一个关键词的全部用户。

YouTube

YouTube提供各种视频增强功能（添加信息卡、注释等）以及定向广告的选择。让YouTube作为创作者的主要渠道。他们的技术知识和内容创造力可以让你的广告大获成功。

□碑媒体

如果你在自有和付费媒体表现很好，那么势必会赢得一些口碑媒体，也就是自发创造的内容和对话。比如，人们在推特上讨论你的广告，或者有人在领英上分享和评论你的博文。口碑媒体与传统的口耳相传营销有许多共同点，但是在数字环境中，通过口碑媒体传播的内容更具有及时性，更加与人们密不可分。创新营销需要结合自有、付费和口碑三种媒体。任何一种单独的方式都不足以致胜。

影响者与社区沟通也可以极大地促进口碑媒体。但是请记住：不要局限于第一印象。KPI（关键绩效指标）只能告诉你有多少人因影响者网络的传播看到了你的内容，正如OTS（广告能见率）仅仅估算你的电视内容被某个特定群体看到的概率。如果你想要提升知名度，这是重要的指标，但是除此之外，你还希望达成其他目标。比如，你也许希望知道口碑媒体是否能引起反响（访问网站或者达成交易）。

影响者主页成为数字展厅

比利时弗拉瑞克商学院（Vlerick Business School）的营销教授兼购物行为权威人士吉诺·范·奥塞尔（Gino van Ossel）将Made.com推荐给我。这是一家英国家具销售商，主要通过电子商务平台进行家具的厂家直销。公司的实体店面不大，但是其数字展厅"开箱"令人印象深刻。

比利时和荷兰地区总监达米安·波尔克（Damien Poelhekke）表示："开箱是一个社交平台，影响者和顾客可以在上传放置Made.com家具的室内图。于是，他们的主页成为了一个数字展厅。网页会根据用户的位置为他们展示图片。这有助于观察不同国家的趋势。"

此外，访客可以在开箱网站上互相询问关于家具质量和格调的问题。Made.com 无须做任何事情，已然成为一个富有视觉魅力和质感的网站。

比利时家具制造商Design Is Wolf找到了一种连接线下和线上流量的方法。该公司邀请具有影响力的室内设计师和博主参观展厅，在设计交流会及其他活动中为公司的摊位站台。由此，影响者帮助公司提高了网络知名度，而且通过向粉丝和顾客推荐Design Is Wolf的家具，为公司创造了大量销售额。

总经理文·阿列纳斯（Wim Alenus）十分支持这种创新的多渠道方式："展厅对我来说不是问题。有时候，一些来自荷兰的顾客就直接把车停在门口，发动机都来不及关就直奔展厅，想要快速确认实物是否和网上的一样好看，然后又马不停蹄地赶回家线上下单！"

从内容王者到流量霸主

在前文中，你曾（多次）读到内容传播对于影响者营销的重要意义。如果你创造的磁性内容没有得到有效的传播，那么你的投资回报将会是负数。同时，你要意识到没有温度的内容是难以被大规模传播的。换言之，如果你想要成为流量霸主，那么你需要做到明智的传播手段和出色的内容双管齐下。

营销软件公司Moz的创始人兰德·费什金（Rand Fishkin）曾在一个视频中解释过四种让影响者参与内容传播的技巧。[55]

1. 从背后温柔地推一把

不要把事情弄得太复杂。你是否觉得你的内容与某位影响者相关联？何不直接通过领英、脸书、邮件等方式给他们发信息呢？费什金认为，这种方法在80%的情况下都是可行的。当然，影响者阅览和传播你的内容的概率很小，但是如果你的内容质量高且高度相关，仍然值得这么做。你可以反问自己为何影响者想要分享你的内容，这样你就可以在邮件中表现得更有理有据。

假设你经营着一家鼓和打击乐器店，那么你一定希望Triggerfinger乐队的鼓手马里奥·古森斯（Mario Goossens）能够帮你分享内容。你可以尝试这样发邮件：

> 嘿@马里奥·古森斯。我是您多年的粉丝。鉴于您也热爱铜钹，不知您是知否对我们的在线测试（哪种铜钹适合你？）感兴趣？基于您的鼓风、音乐偏好以及鼓手的身份，您可以获得关于铜钹种类和制作的建议。欢迎您的反馈！

2. 不经意的推荐

你可以快速回复影响者的信息吗？如此一来，你可以不动声色地进入他的视线范围。假设金耳环乐队（Golden Earring）的鼓手西泽·祖德维吉科（Cesar Zuiderwijk）在脸书上抱怨，每次把架子鼓搬到音乐会时都要塞满一整个面包车。这就是你等待已久的机会：

> 嘿@西泽·祖德维吉科。我看到您在脸书上的帖子。也许这套架子鼓适合你：www.drumshop.eu/matroesjkadrum。鼓和配件紧密结合，这样你就可以用普通小轿车运载整组套件了。很酷吧？

3. 点评

如果希望通过点评影响者的产品、服务或者内容联系他们，那么你的内容必须是正面、真实的。只是为了链接和转发而发布一篇平淡无奇的评论是无用的。作为架子鼓店主，也许你可以写一篇关于路德维希

（Ludwig）最新款架子鼓的评论，以求吸引制造商的目光：

> 我们测评了最新的路德维希架子鼓。关于产品的优缺点，请阅
> 读：www.drumshop.eu/ludwigreview。

4. 网络效应

这是费什金的最后一个技巧。核心在于与微型影响者的社区人群建立联系，以求优质的内容能够说服他们将其传递给影响者。接触电台司令乐队（Radiohead）的鼓手菲利普·赛格威（Philip Segway）并非易事。但是如果你发现赛格威关注了乐队的制作人和录音师，那么你可以通过他们联系到赛格威。也许他们愿意分享你的内容？不管怎样，你的内容已经进入他们的网络，这样赛格威就有机会见到它：

> 嗨@录音师，我们通过某个数字鼓设备对某一首歌的音效进行了重
> 新创作：YouTube.com/watch?v=1a2b3c. How far did we get?。

第7章　总结
内容的创造与传播

以磁性内容绕过所有数字滤网。

- 真实性
- 调频化
- 感官化
- 纯美
- 速度
- 个性化

三种创造磁性内容的方式：

1. 品牌方自主创造内容
2. 影响者自主创造内容
3. 品牌方和影响者共同创造内容

根据创新营销轮盘进行头脑风暴。

通过以下渠道传播内容：
- 自有媒体
- 付费媒体
- 口碑媒体

提示：

在网站上创建一个活动
专属的登录页面。

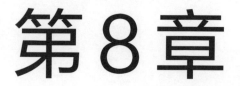

第8章

经营人际关系

🔥 如何与影响者维持关系？

🔥 如何分析和评价宣传活动？

🔥 未来的影响者关系如何？

> "影响力和市场要靠行动来获得。影响者和营销人员不可能一步登天，需要一步一个脚印地努力。"
>
> 卡罗尔·拉马克

本书是一本面向营销人员和影响者的书，他们应该知道影响力和市场要靠行动获得。本章的核心思想已经在前面章节提及：我们需要持之以恒地经营人际关系。影响者营销意味着火苗维持燃烧，而不仅仅是一次性地发射火箭。这需要持续的宣传和评估，包括在主要营销活动和产品发布以外的时间。

追求

在理想状态下，你需要花一段时间"追求"影响者，直到可以期待他们给予回报。这并不是"假装自信"的过程。你希望顾客可以感受到品牌方与影响者之间真实的友谊。因此，除了与影响者建立真诚的关系以外别无他法。对影响者表达崇敬的方式有101种，以下是前10种，你可以自行琢磨其余91种。

1. 公开地将影响者视为其领域的专家。
2. 向他们请教宝贵的意见和见解。
3. 向他们分享自己的意见和见解。
4. 将读到的专业领域相关趣闻告诉他们。

5. 在公司内容中引述他们的言论。

6. 点赞、分享和回复他们在社交媒体上的更新。

7. 邀请他们参加专场活动。

8. 为他们提供热点新闻和独家消息。

9. 安排他们与公司内部相关人士见面。

10. 无条件、免费地赠送他们礼物。

我将"送礼"列为最后一项并不是巧合。影响者不喜欢小气、吝啬的公司。但是你也要保持分寸。你也不希望影响者仅仅出于经济考虑才选择与你合作。这跟其他的人际关系一样：平衡是关键。

启动

你可以像启动所有商业合作一样启动与影响者的合作。你先强调自身优势，接着向影响者申明他可以从合作中获得的利益，最后做出明确的安排。由此，你为长期的双赢合作奠定了基础。

你是否有与影响者合作的成功案例？你可以将其作为案例研究，向新的影响者证明你思路很清晰并且能够履行承诺，以此说服他们。

安妮·科尔尼（Anne Cornut）经营的博客账号（mamavanvijf）拥有25 000的月访问量，其同名Instagram账号拥有14 000粉丝，Pinterest账号拥有2 200粉丝，脸书账号拥有1 700粉丝。她喜欢公司如何与她打交道呢？"我喜欢通过邮件沟通，越私人化越好。我只喜欢新颖的想法以及与我契合的合作。这需要公司花点工夫做背景调查，但是这是联系资深影响者的唯一途径。大部分影响者不喜欢宽泛的营销活动。我喜欢提前知道合作目标以及对方能给予我多少自由发挥空间。"

"我还想立即知道他们的预算。预算充足吗？这体现了他们对我这个影响者的重视，也意味着我们可以共同创造有意义的内容。一个食品生产商曾经邀请我为他们的三明治创造"有趣"的内容，并且附上详尽的规范和明确的截止日期。他们承诺后续会赠送我一个蛋糕作为回报。面对这样的例子，你很快知道应该怎么做：大笑一声，礼貌拒绝。"

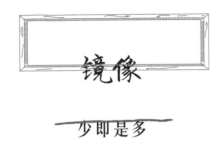

镜像

少即是多

你是否收到过有趣的公司邀请？如果有，那么你要像公司一样精挑细选。他们可能同时与 5～10 个影响者合作。以此数据为参考，批判性地评估公司的提案，最后精选出几个最契合自身形象的品牌。你的合作伙伴越少，越容易保持诚信，也意味着你可以投入更多创造力到每个品牌中。

高峰期和低谷期

品牌方和影响者有时候会合作开展营销活动。但是你们之间的关系不能止步于此。正如夫妻之间偶尔享受浪漫假期，但是也要携手共度平凡的日子。你希望建立何种关系？你需要的是只存在 15 天的浪漫关系？还是每一天都富有意义的长期关系？

但愿你对这个问题有明确的答案。营销活动以外的低谷期与紧锣密鼓开展营销活动的高峰期同等重要。在低谷期，你也需要与影响者保持联系。你可以像在追求期一样对待他们。你还可以介绍他们认识公司内部其他部门的重要人物。他们的意见有助于加深组织文化、促进产品创新或者增进顾客关系。

桑德拉·罗森伯格（Sandra Rothenberger）
苏威布鲁塞尔经济管理学院（Solvay Brussels School of Economic and Management）战略营销教授

消费者的协同创作

在当今超级连接的世界中，消费者已经演变成能为公司创造价值的活跃玩家。普拉哈拉德（Prahalad）和拉马斯瓦米（Ramaswamy）[56]将这种全员参与的局面定义为"一种调动所有角色参与，以求达成让所有人满意的结果的整体管理战略"。这个过程涉及多种形式的协同创作。消费者可以参与任何过程：创新、设计、生产等。消费者参与逐渐成为创造新产品和服务的重要成功因素。

这些所谓的"企业生产者"（entreproducer）也是影响者。他们的参与和赋能可以增强他们的自我意识，结合技术（网络3.0）和战略（营销4.0）的进步，从而发展个性、建立公信力及发挥影响力。这种演变可以惠及消费者和公司。消费者可以有机会参与更广泛的社会互动，拥有更多创新的自我表达方式。同时，给予消费者这种机会的公司也可以获得关于产品和服务的更深入的认知。这可以增加他们参与下一轮协同创作的热情和增强他们对品牌的忠诚度。

你也可以和影响者进行更高水平的协同创作，使营销信息更深入地扎根于市场。凯勒费伊集团（Keller Fay Group）的研究[57]表明，影响者口碑营销的影响范围是普通消费者的两倍。因此，营销部门可以通过聚焦这些影响者增加投资回报。

不仅仅是关注你的信息，他们拥有充分的动机、资源和机会将其引爆。

低谷时期是分析过往营销活动的最佳时机。最终数据是什么？营销是成功还是失败？其中有什么得失？哪些影响者创造了附加值，哪些没有？你从中学到了什么？下一次可以在哪些方面改进？让影响者参与到评估中，他们看待问题的角度与你不同，而且会从自身目标出发分析问题。这会再一次表明你有意维持双方互利的长期关系。

影响者的数据分析

你的目标和可用的工具将决定你想要（或者能够）分析哪些数据。你一定想知道影响者的呼声有多大。他们及其网络社区提及你的公司、产品或者服务的频率有多高？你可以通过对影响者的名字和相关关键词、标签及网址链接进行研究得到这些信息。

此外，你还可以定性分析民众对你的品牌的舆论基调和情绪。人们对影响者创造的内容提出正面还是负面的反馈？这种分析涉及大量硬性的人工劳动，因此仅适用于小公司。有些软件可以提供自动分析，但是这些软件都是市场上最昂贵的软件之一。此外，这些功能通常仅限于英语，而且运行有时候不太顺畅。比如，机器目前仍然难以识别讽刺。

你的影响者营销包含销售目标吗？如果包含，那么你可以计算哪些影响者吸引了最多访客到网店，以及哪些影响者带来了最多的新顾客。这需要提前做技术准备。比如，你需要标记影响者传播内容的链接，正确地设置报告工具（比如谷歌分析），这样你才能看到访客是通过何种途径进入你的网站的。

将这些分析结果分享给你的影响者。这不仅是为了祝贺他们取得成功，也是为了从失败中吸取经验。也许有些影响者会自主进行更深入的数据调查。这会为你的下一次营销活动提供有理有据的建议。比如，更加侧重某个渠道，调整某种内容类型的使用，等等。最好的建议也许来自最差劲的影响者，因为他们急于改进自己的表现。如果他们没有主动给出解释，不要终止与他们的合作，而要直接问他们数据差劲的理由以及未来的改进计划。分析报告是重新商定未来合作和回报的重要基础，以此确保下一次营销活动可以获得双赢的结果。

从某种程度而言，任何在线的事物都可以被测量和分析。即便如此，我们也不可能对影响者的全部影响力有绝对的认知。这有点像是倒立的冰山。大部分结果浮于水面，但是有些信息仍然隐藏在水中。很多人看到了影响者的内容，但是对此没有回应。因此，你无法了解这些人对信息的真实想法，他们在多大程度上被影响，影响是负面的还是正面的。同样地，还有许多线下的活动难以归功于某位具体的影响者。某位影响者的推文是否说服了一位消费者去参加你的活动？也许是。但是这位消费者几乎不可能在观众席上大声地喊出是谁推荐他来参加活动。这有助于保持活动的安静，但是不利于你的影响者数据分析。

见解

汤姆·范·胡夫（Tom van Hoof）
Initiative（新方案）公司总经理兼 MiniMax 的拥有者

媒体专业机构如何看待影响者营销

某种程度而言，"影响者营销的媒体价值"这个用词是不当的、具有误导性的。这只是事情的其中一方面。比如，你不能直接将影响者营销和付费媒体做比较。从历史的角度，媒体价值一直都注重以最低成本获得最大的影响范围。但是影响者营销的价值还应该基于对搜索引擎优化、传化率、参与度、情绪等其他方面的影响来衡量。

Hashting的创始人巴特·贝延斯（Bart Baeyens）采用了一个叫"PRICELESS"的实用性模型。他将影响者营销的产出划分为五个方面（P-R-I-C-E），这些方面难以根据媒体价值来衡量。

1. **P**eer-to-peer recommendations（点对点推荐）
2. **R**eputation building（树立声望）
3. **I**nfluencer engagement（影响者参与）
4. **C**ontent creation（内容创造）
5. **E**quity building（资产创造）

每个方面都有相应的KPI来衡量某个影响者营销项目的影响力。这些KPI与传统上用于评估其他媒体的数据不同，比如印象、毛评点。

点对点推荐可以根据线下对话的数量以及其他数据来衡量。如果你在相关平台上获得的正面评价数量增加，那么你的声望会随之提高。参与度反映了影响者所创造的内容的点赞、回复和分享次数。你也可以评估内容的质量。这些共同组成你的"资产"，也就是整体品牌价值。最后，影响者营销可以造就一个更强大的品牌。

上述KPI例子并不是最详尽的。你才是确定衡量内容和方式的人。但是如果你仅以上述五个方面作为出发点，无视传统媒体的常用参数，那么你就大错特错了。

影响者关系的未来

在前文中，我们仅仅以营销人员的角度看待影响者关系。但是一旦你的影响者营销达到成熟阶段，组织中越来越多的部门会参与进来。

Traackr用"跨职能影响力模型"[58]将这个演变过程描绘出来。这个模型将影响者类别和公司部门连接起来，还附加了一套成功参数。这个模型精辟地总结了影响者管理的未来情形。

跨职能影响力模型
全组织范围内的影响者营销项目

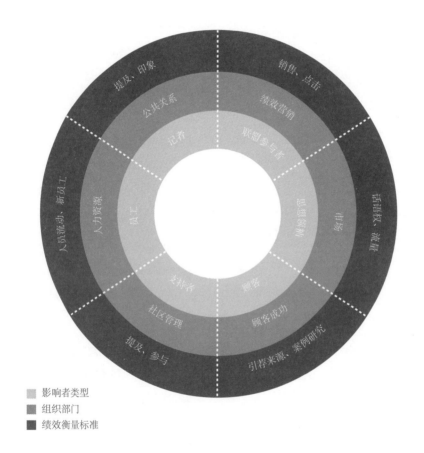

■ 影响者类型
■ 组织部门
■ 绩效衡量标准

这个模型包括六种影响者类别：思想领袖、顾客、支持者（品牌大使）、员工、记者以及联盟参与者。其中大部分部门与营销或多或少有关系，但是人力资源也占据一席之位，因为他们可以利用组织内部的影响者推广空缺职位并找到合适的候选人。

Belfius银行利用内部员工推广空缺职位

利用Social Seeder工具，比利时Belfius银行建立了一个拥有大约1 000名品牌大使的数据库。他们都是自愿推广Beflius的内部员工。为此，他们收集相关内容，并将其传播到自己的社交网络。2015年，大约500名品牌大使接到推广"年轻专业人士"空缺职位的任务。虽然只有不到一半的品牌大使积极响应任务，但是却取得了惊人的效果：据估计，241名品牌大使影响了24 171人。

数据流（Dataflow）公司将游戏和员工倡议结合起来

数据流的IT顾问想招聘两名新员工，但是不想花费招聘机构开出的高价。他们想利用内部员工的参与度。于是，他们让内部员工通过Social Seeder将空缺职位分享到自己的社交网络。每个部门以《星球大战》相关人物为主题组成一个团队。汉·索罗（Han Solo）团队对战达斯·维达（Darth Vader）团队，看谁能取得最佳成绩。奖励是什么？额外的团建经费！在短短三周之内，数据流就收获46份职位申请，并录取了其中两名。显然，"原力"与他们同在！

模型中的另一个影响者类别是联盟参与者，简而言之，就是帮助公司销售产品和创造流量的合作伙伴。比如，他们在自己的博文或者社交媒体更新中附加你的网店链接。通常，联盟参与者的影响力活动每创造一份订单或者销售额，就可以获得相应的佣金。在中小型企业，这些影响者通常是营销部门的联系人。在大企业，他们通常隶属于绩效营销部门。绩效营销是另一种创新营销模式，广告商（比如广告联盟）根据营销结果（比如已完成的购买或者下载）获得报酬。

赫尔曼·梅斯（Herman Maes）是比利时最早的营销和技术博主之一。在2005年到2012年间，他还在博客日记中撰写大量关于风帆冲浪的文章。这吸引了运动相机制造商GoPro的目光。梅斯表示："那段时间里，你可以在比利时风帆冲浪界随处看到我的身影。你可以在风帆冲浪竞赛和活动中看到我。我将比赛结果发布在网络上，而且还是世界上最大的风帆冲浪论坛的主持人。随着知名度的提高，我收到好几个品牌寄来的免费风帆冲浪器材，尽管我的成绩并不惊艳！更特别的是，我成了GoPro运动相机的粉丝，最后我们达成合作协议。这让我既可以在冲浪的时候拍出好看的照片，又可以极大地推广合作品牌。

"早些年间，GoPro只在网店销售相机，辅以广告联盟项目。我对GoPro的热爱以及潜在的经济回报促使我竭尽所能地为这家公司创造尽可能多的内容和引发尽可能大的热潮。我尝试了所有的相机设置，撰写了一本自助维修手册、新手入门教程等等。我由此获得了六折优惠和两成的销售提成。这对于售价几百欧的相机来说算是不错的优惠了。

"但是好景不长，Gopro 决定与本地经销商开展合作项目。这抢走了我的风头。GoPro 还会在其他产品上重启与我的合作吗？啊，GoPro Karma 无人机，啊……"

公司各部门的影响者也带来了许多新的挑战。Traackr 指出了其中一部分挑战。[59]比如，如果让组织内部的不同员工担任影响者，如何确保他们的宣传风格和公司品牌风格一致？如何对他们（产品经理、客服经理、人力资源总监等）进行影响者营销培训？这意味着营销人员仍然要在其中扮演重要角色，他们需要为每一个与影响者合作的部门制定特殊的策略和目标。同时，他们还需要制定规则（包括品牌和宣传指南），为相关内部人员组织培训。

赞助内容：什么是眼睛看不到的

如今，许多品牌与影响者的合作越来越紧密。根据 Augure 的研究，59% 的受访公司认为，与影响者共同创作博文内容以及其他内容是一种高效的战略。[60]你是否邀请影响者参加头脑风暴会议或者参与制作宣传视频？他们通常会要求某种形式的回报。比如，你可以按小时付给他们报酬，或者将自己的产品作为礼物送给他们，或者"购买"他们创作的内容。

一旦你这样做，"影响"就不再是独立客观的。至少人们是这样认为的。在游戏领域中，有些 YouTube 影响者收费点评新游戏。有些人不承诺给正面评价，而有些人则愿意按照游戏制造商的意愿给出好评。但是你会把这个内幕告诉大众吗？还是你不打算告诉大众？

在过去，这主要是一个伦理——义务问题，毕竟相关的法律滞后于市场。但是现在事情开始有所变化。在美国，如果你付费让影响者点评你的公司或者产品，你有法律义务向大众申明。如果你不申明，美国联邦贸易委员会会找上门来！

华纳兄弟付费让PewDiePie给好评

2016年，华纳兄弟（Warner Bros.）付给影响者数千美元，让他们发布关于游戏《中土：魔多的阴影》（*Middle Earth: Shadow of Mordor*）的视频。任务指示接近极端。影响者不能展示游戏的漏洞，也不能提出批评，还要鼓励观众点击游戏链接。

这些视频被观看了数百万次。YouTube网红PewDiePie独自运作，创造了370万的观看量。[61]这看起来更像大众媒体营销而不是影响者营销。因此，消费者有权知道他们在观看一个广告，美国联邦贸易委员会也是这么认为。

这个广告监管部门认为观众正在被误导。很多影响者不告诉观众，他们是收费发表这些视频的。有些影响者，包括PewDiePie，将免责声明隐藏在YouTube上的"阅读更多"。美国联邦贸易委员会认为这还不够，因为当你把视频分享在脸书或者推特上时，免责声明就看不到了。

值得注意的是，美国联邦贸易委员会并没有对影响者追责，而是对品牌方表达不满。他们认为华纳兄弟有责任公开自己的营销活动。最终，这家娱乐巨头同意与该机构达成庭外和解，并被要求在未来的影响者营销活动中严格遵守规定。[62]

自2014年，荷兰也针对社交媒体制定了广告法规，要求博主、推特用户以及其他影响者必须公开赞助产品或者其他相关信息。博客评论的文末必须加上："免责声明：本【产品】是由【品牌】免费提供的测试产品。"在推特上，你要加上#广告以及#赞助的标签，以表示你在传播广告或者赞助内容。2016年末，荷兰媒体委员会宣布有意制定更严格的规定[63]，禁止vlog博主面向12岁以下的儿童播放广告。此外，针对未告知公众自己收费制作视频内容的vlog博主，委员会此后将有权对其处以罚款。

博主赫尔曼·梅斯表示，比利时尚未有类似的法规。他表示："许多人向JEPA（广告道德实践评审团）提出建议，但是目前评审团仍未提出任何关于在线影响者的规定。"[64]这不代表影响者营销可以在法律真空中运行。最强大的互联网公司无疑是谷歌。2016年3月，这个搜索引擎巨头发布了针对博主发表赞助评论的相关指导文件。[65]谷歌要求所有的商业合作必须公开，只允许创作具有附加值的内容，以及关于品牌和产品的推荐链接必须加上"nofollow"（不要抓取）属性。

最后一项措施属于技术干预，禁止公司通过购买富有价值的网站链接来优化搜索结果。如果你违反了这条规定会产生怎样的后果？谷歌可以惩罚你，并将你从搜索结果中删除。这样的话，90%的网络流量都会引向你的竞争对手，因为所有引向你的网站的标识都将消失。

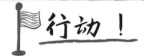

行动！

撰写关于公司如何处理赞助内容的指导手册。手册必须针对以下问题给出简洁明了的答案。

🔥 可以为影响者提供哪种经济和非经济回报?

🔥 如何计算或者决定影响者可获得的产品数量和种类?

🔥 你针对影响者创造的内容设定何种限制条件?

🔥 影响者应该在社交媒体上使用何种描述和标签,以申明这是赞助内容?

🔥 广告联盟销售的佣金是多少?

公开的价值

　　出于法律、实用和道义的原因，你应该通过免责声明或者标签的方式始终公开品牌方和影响者之间的商业合作关系。实际上，单是道义原因已经足以让你三思而后行。除非，你想冒险失去作为影响者的最后一张王牌：公信力。

　　如果有人发现你在商业合作方面撒谎或者隐瞒事实会怎样？你会瞬间失去粉丝的信任。再见，可靠的新产品评论！相反，如果你发布包含优缺点和免责声明的公正评论，你的公信力会提高，你评论的产品也一样。

　　请务必提前与品牌方沟通这项事宜。他们是否禁止你公开合作关系？如果是，那么从长远考虑，你最好礼貌地回绝他们的合作，即使这是一单大生意。公司是否要求你只写正面评论？请告诉他们公正的评论对双方都有好处。一个（精心挑选的）批判点不仅可以提高你的公信力，还可以极大地促进产品销售。

经营人际关系

放眼未来

影响者营销仍处于全面发展阶段。你需要增加公司内部的支持，尽量让更多相关部门参与进来。这可以让影响者营销和影响者的文化更牢固地扎根于组织中，从人力资源部门到销售团队。

启动

强调你的优势，向影响者申明他可以从合作中获得的利益，做出明确的安排。

诚实是上策

诚实地公开商业合作和赞助内容，不仅仅出于脸书和谷歌的法规，或者出于法律要求（或者即将出台的要求），还因为这可以维护你的公信力。

追求，一直追求——
你给予的爱越多，从长期而言获得的爱越多。

1. 公开地将影响者视为其领域的专家。
2. 向他们请教宝贵的意见和见解。
3. 向他们分享自己的意见和见解。
4. 将读到的专业领域相关趣闻告诉他们。
5. 在公司内容中引述他们的言论。
6. 点赞、分享和回复他们在社交媒体上的更新。
7. 邀请他们参加专场活动。
8. 为他们提供热点新闻和独家消息。
9. 安排他们与公司内部相关人士见面。
10. 无条件、免费地赠送他们礼物。

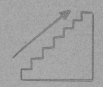

结语

影响者营销是大势所趋。你基本上可以从字面理解这句话。谷歌趋势将这个名词标注为"爆发"，意味着近期在全世界范围内人们对影响者营销的兴趣上升了超过5000%。但是网上的信息不一定全部适合你。这就是你需要阅读本书的理由。

总体而言，我们将影响者营销定位为创新营销战略的一部分。我们学习了如何鉴别微型影响者的潜力。他们是点燃营销之火的火柴。一旦火苗被点燃，你就看不到火柴了，只见火焰渐成燎原之势。这就是你开展影响者营销的目标：往小处想，成就大效果。

以此知识为储备，你为影响者营销项目打下了坚实的基础。本书的分步计划以20余年的创新营销经验作为背书。你可以学会如何识别、对比、细分以及接触影响者。逐渐地，你会建立起双方互利的长期关系。在公司内部，你可以利用整体的营销和宣传战略来指导自己。这可以帮助你决定何时、为何目的、以何种形式利用影响者，开展活动。

据此，你从战略阶段转向操作阶段。计划的实施细节浓缩于影响者营销画布。这份只有一页的总结将你的目标、行动、影响者、内容类型按照时间线排布。这份文件不仅可以让你纵览整个计划，还有助于你将影响者营销"推销"给内部利益相关者。此外，本书还针对渠道和内容类型的选择、磁性内容的创造、内容的最大化传播方面提供了必要的指导。

最后，我们放眼未来。如何与影响者维持良好关系？如何分析和评估营销活动？品牌方和影响者之间如何商讨合作？影响者关系在未来几年的前景如何？你现在掌握了所有必要的知识和智慧，可以助你尽可能抓住所有影响者营销的机会。

CEO有责任为这种创新营销模式提供必要的空间和支持。他们比任何人更清楚一位小小的领袖人物在竞争市场中的巨大价值。麦肯锡报告[66]中的数据有力地证明了这点。以口口相传为基础的消费者营销活动创造了两倍于付费广告的销售额。

如果你是CMO，你一定乐意听到这样的消息，因为你的公司以高质量的互动和流量为生。超乎寻常的参与度正是影响者营销为你带来的结果。此外，目前市场存在不平衡。当前的影响者很多，但是懂得利用他们的营销人员并不多。如果这种情况持续下去，投资将会大大低于所获得的价值，促使投资回报率稳健增长。

奋战在一线的营销人员将有机会在影响者营销中扮演不可替代的角色。如果能够成功地开展一场精心准备的影响者营销活动，他们将会掌握新技能，在同行中脱颖而出。同时，他们创造的营销效果会远远超过其他营销活动带来的效果，因此他们很快会被邀请加入公司的决策层。

你是影响者吗？如果是，那么你现在已经拥有超能力！因为你已经清楚地知道营销人员是如何与影响者合作的。这些内部信息可以帮助你建立富有成效、可持续、共赢的合作和营销活动。

祝你好运！

致谢

我想感谢这么多年来遇到的众多领导，他们是我职业生涯的导师，给予了我许多经验和支持。他们成就了如今作为营销人员和企业家的我。因此，我对他们感激不尽。

我在撰写这本书的过程中收获了无尽的喜悦和快乐，而这很大程度上要感谢许多与我合作的才华横溢的人士。他们有力地证明了人不能独立撰写成功故事这一道理。衷心感谢你们的帮助和指导：安妮·科尔尼、伯特·马力沃特、布拉姆·惠更（Bram Huyghe）、克里斯·范·杜尔斯勒、克罗·维瓦尔兹、达米安·波尔克、大卫·黛比（David Debie）、多拉·加西亚、多里安·阿尔兹、艾菲·德·布鲁恩、艾尔克·尤里森、恩斯特-扬·范·利文、弗雷德里克·范德海德（Frederic Vanderheyde）、吉诺·范·奥塞尔、赫尔曼·梅斯、希尔德·范梅赫伦（Hilde Vanmechelen）、乔克·德·努尔、克拉吉·巴伦（Klaartje Ballon）、林·赛格尔、利安·卡梅尔贝克（Lien Camelbeke）、马尔腾·凯斯特卢（Maarten Kesteloot）、米克·德普勒（Mieke Deprez）、尼克·维基尔、尼尔斯·詹森（Niels Janssens）、帕特里克·德·波夫（Patrick de Pauw）、彼得·贝特尔斯（Peter Bertels）、萨米尔·科比、桑德拉·罗森伯格、赛普·科克斯（Seppe Cockx）、史蒂文·范·贝莱格姆、蒂埃里·海尔茨、汤姆·范·胡夫、温迪·贾斯帕斯（Wendy Jaspers）、文·阿列纳斯、艾玛·杰洛德。

我也很感激自己"内在的热火"，那是一股无法熄灭的热情。纵然时而有泪水，但是更多的是无尽的幽默。这股热情一定有某个来源。我的母亲在我很小的时候总是教导我要往前看，要做最好的自己，而无论处于什么境况。感谢这股热情给我带来这么多的机会，也感谢这股热情从上学的第一天起就驱动我敢于做梦，敢于往大处想！

感谢我生命中遇到的所有优秀的人，感谢他们与我风雨同舟！我还要感谢身边的好友以及我女儿马尔戈（Margaux）的教父教母。和他们在一起的时候，我总是能充满能量。当然，我还要感谢我那了不起的合作伙伴约翰（Johan），他的动力和激情甚至胜过了我。感谢你们！

卡罗尔·拉马克

参考文献

[1] eMarketer. Influencer Marketing: All It's Cracked Up to Be?[OL]. [2016-12-10]. https://www.emarketer.com/Article/Influencer-Marketing-All-Its-Cracked-Up-Be/1012230

[2] Internet Live Stats. Google Search Statistics[OL]. [2016-12-10]. http://www.internetlivestats.com/google-search-statistics

[3] Statistic Brain. YouTube Company Statistics[OL]. [2016-12-10]. http://www.statisticbrain.com/youtube-statistics

[4] Internet Live Stats. Twitter Usage Statistics[OL]. [2016-12-10]. http://www.internetlivestats.com/twitter-statistics

[5] Bughin J., Doogan J., Vetvik O.L. A new way to measure word-of-mouth marketing[OL]. [2016-12-10]. http://www.mckinsey.com/business-functions/marketing-and-sales/our-insights/a-new-way-to-measure-word-of-mouth-marketing

[6] Mander J. Daily time spent on social networks rises to 1.72 hours[OL]. [2016-12-10]. http://www.globalwebindex.net/blog/daily-time-spent-on-socialnetworks-rises-to-1-72-hours

[7] Roesler P. How social media influences consumer buying decisions[OL]. 29 May 2015 [2016-12-10]. http://www.bizjournals.com/bizjournals/how-to/marketing/2015/05/how-social-media-influences-consumer-buying.html

[8] Marvin G. Native ads to make up 63 percent of mobile display ad spend by 2020, Facebook & IHS studyfinds[OL]. [2016-12-10]. http://marketingland.com/native-in-stream-ads-63-percent-mobile-display-2020-facebook-171765

[9] Godes D., Silva J.C. 2012. Sequential and temporal dynamics of online opinion. Marketing Science, 31(3): 448 - 473.

[10] Godes D., Silva J.C. 2012. Sequential and temporal dynamics of online opinion. Marketing Science, 31(3): 448‒473.

[11] Unpublished data of an omnibus research survey carried out by Profacts (at the request of Carole Lamarque)

[12] Wong K. The Explosive Growth Of Influencer Marketing And What It Means For You[OL]. [2016-12-10]. http://www.forbes.com/sites/kyle-wong/2014/09/10/the-explosive-growth-of-influencer-marketing-and-what-it-means-for-you

[13] Katona Z. Social Media Marketing: How Much Are Influentials Worth?[OL]. [2016-12-10]. https://cms7test.kellogg.northwestern.edu/en/welcome/Home/Departments/marketing/~/media/ED5F64CF97F6435F937DE6BE-FEAB1D4B.ashx

[14] Traackr. The many faces of influence[OL]. [2016-12-10]. http://www.traackr.com/faces-of-influence

[15] Connolly M. Whether LeBron Has A $1B Deal Or Not, Michael Jordan Is Still The King Of Nike[OL]. [2016-12-10]. http://www.forbes.com/sites/mattconnolly/2016/05/19/despite-lebron-james-1-billion-deal-michael-jordan-still-king-nike/

[16] Hubspot & LinkedIn. How to Become an Influencer in Your Industry[OL]. [2016-12-10]. https://offers.hubspot.com/how-to-become-an-influencer-in-yourindustry-free-ebook

[17] Satell G. 3 Reasons to Kill Influencer Marketing[OL]. [2016-12-10]. https://hbr.org/2014/09/3-reasons-to-kill-influencer-marketing

[18] Treacy M., Wiersema F. 1997. The Discipline of Market Leaders. New York: Perseus Books.

[19] Van Belleghem, S. Niet meer kiezen tussen operational excellence en customer intimacy[OL]. [2016-12-10]. http://www.marketingfacts.nl/berichten/niet-meer-kiezen-tussen-operational-excellence-en-customer-intimacy

[20] Power B. Operational Excellence, Meet Customer Intimacy[OL]. [2016-12-

10]. https://hbr.org/2013/03/operational-excellence-meet-cu

[21] StoryDoing. Storydoing[OL]. [2016-12-10]. http://storydoing.com

[22] StoryDoing. Storydoing[OL]. [2016-12-10]. http://storydoing.com

[23] Ikea. People & Planet[OL]. [2016-12-10]. http://www.ikea.com/ms/nl_BE/
this-is-ikea/people-and-planet/

[24] Universum. IKEA is ranked as an Attractive Employer[OL]. [2016-12-10].
http://universumglobal.com/rankings/company/ikea/

[25] Brownlee J. Ikea's 2017 Catalog Is A Terrifying Glimpse Into The Tiny
Apartments Of The Future[OL]. [2016-12-10]. https://www.fastcodesign.
com/3062854/ikeas-2017-catalog-is-a-terrifying-glimpse-into-the-ti-
ny-apartments-of-the-future

[26] Bughin J., Doogan J., Vetvik O.L. A new way to measure word-of-mouth
marketing[OL]. [2016-12-10]. http://www.mckinsey.com/business-func-
tions/marketing-and-sales/our-insights/a-new-way-to-measure-word-
of-mouth-marketing

[27] Alan F. Watch Android eat BlackBerry's global smartphone marketshare in
color[OL]. [2016-12-10]. http://www.phonearena.com/news/Watch-An-
droid-eat-BlackBerrys-global-smartphone-marketshare-in-color_
id47776

[28] Brandfog. Brandfog 2016 CEO Survey[OL]. [2016-12-10].http://www.
brandfog.com/

[29] Simpson J. Eight influencer marketing stats for fashion & beauty brands[OL].
[2016-12-10]. https://econsultancy.com/blog/67443-eight-influencer-
marketing-stats-for-fashion-beauty-brands

[30] Augure. The State of Influencer Engagement in 2015[OL]. [2016-12-10].
https://www.launchmetrics.com/resources/blog/state-influencerengage-
mentINFLUENCERS

[31] Traackr. The many faces of influence[OL]. [2016-12-10]. http://www.
traackr.com/faces-of-influence

[32] Augure. The State of Influencer Engagement in 2015[OL]. [2016-12-10]. https://www.launchmetrics.com/resources/blog/state-influencerengage-ment

[33] Stevens J. De almaar groeiende macht van digital influencers[OL]. [2016-12-10]. http://www.demorgen.be/technologie/de-almaargroei-ende-macht-van-digital-influencers-b1c6b326

[34] Stewart J.B. Facebook Has 50 Minutes of Your Time Each Day. It Wants More.[OL]. [2016-12-10]. http://www.nytimes.com/2016/05/06/business/facebookbends-the-rules-of-audience-engagement-to-its-advantage.html

[35] Stewart J.B. Facebook Has 50 Minutes of Your Time Each Day. It Wants More.[OL].6 [2016-12-10]. http://www.nytimes.com/2016/05/06/business/facebookbends-the-rules-of-audience-engagement-to-its-advantage.html

[36] eMarketer. Growth of Time Spent on Mobile Devices Slows[OL]. [2016-12-10]. https://www.emarketer.com/Article/Growth-of-Time-Spent-on-Mobile-Devices-Slows/1013072

[37] Karp K. New research: The value of influencers on Twitter[OL]. [2016-12-10]. https://blog.twitter.com/2016/new-research-the-value-of-influ-encers-ontwitter

[38] Burney, K. B2B Social Media Strategy: How Best-in-Class Brands Do It[OL]. 29 March 2016 [2016-12-10]. http://trackmaven.com/blog/2016/03/b2b-social-mediastrategy/

[39] O' Neil-Hart C., Blumenstein H. Why YouTube Stars Are More Influential Than Traditional Celebrities[OL]. [2016-12-10]. https://www.thinkwith-google.com/infographics/youtube-stars-influence.html

[40] Chen Y. Swinging from Vine: More than half of top Vine influencers have left the platform[OL]. [2016-12-10]. http://digiday.com/platforms/swing-ing-vinehalf-top-influencers-left-platform/

[41] Patterson M. Social Media Demographics to Inform a Better Segmentation Strategy[OL]. [2016-12-10]. http://sproutsocial.com/insights/new-so-

cial-mediademographics

[42] Moorman C. Social Media Spending Triples But Falls Short Of Expectations[OL]. [2016-12-10]. https://cmosurvey.org/blog/social-media-spendingtriples-falls-short-expectations/

[43] Lee P., Stewart D. Virtual reality (VR): a billion dollar niche[OL]. [2016-12-10]. http://www2.deloitte.com/global/en/pages/technology-media-andtelecommunications/articles/tmt-pred16-media-virtual-reality-billion-dollar-niche.html

[44] Wright M. HOW TO: Connect Your Brand to the Right Online Influencers[OL]. [2016-12-10]. http://mashable.com/2011/05/09/leverage-onlineinfluencers

[45] Bosomworth D. The Content Marketing Matrix[OL]. [2016-12-10]. http://www.smartinsights.com/content-management/content-marketing-strategy/the-contentmarketing-matrix-new-infographic/ (with permission of SmartInsights.com)

[46] Scott D.M. Ten marketing lessons from the Barack Obama Presidential campaign[OL]. [2016-12-10]. http://www.webinknow.com/2008/11/ten-marketing-lessons-from-the-barack-obama-presidential-campaign.html

[47] Luckerson V. 6 Modern Marketing Strategies From Barack Obama[OL]. [2016-12-10]. http://time.com/20141/obama-on-between-two-fernszach-galifianakis/

[48] Shankland S. Obama releases iPhone recruiting, campaign tool[OL]. [2016-12-10]. https://www.cnet.com/news/obama-releases-iphone-recruiting-campaign-tool/

[49] Quelch J. How Better Marketing Elected Barack Obama[OL]. [2016-12-10]. https://hbr.org/2008/11/how-better-marketing-elected-b

[50] Carr N. 2016. Utopia Is Creepy: And Other Provocations. New York: W. W. Norton & Company.

[51] Godsey J. I Haven't Used My Camera and My Page Is Loaded with Perfect Photos[OL]. [2016-12-10]. https://www.linkedin.com/pulse/i-havent-used-mycamera-page-loaded-perfect-photos-joshua-godsey

[52] Van den Bergh J. Making a forgotten beer brand cool again: the case of Vedett[OL]. [2016-12-10]. http://www.howcoolbrandsstayhot.com/2013/07/19/making-a-forgotten-beer-brand-cool-again-the-case-of-vedett/

[53] De Wolf L. 'Brug Tomorrowland is er voor alle mensen' [OL]. [2016-12-10]. http://deredactie.be/cm/vrtnieuws/cultuur%2Ben%2Bmedia/kunsten/1.2117091

[54] Zhel M. Email Marketing vs Social Media Performance in 2016[OL]. [2016-12-10]. https://www.mailmunch.co/blog/email-marketing-vs-social-media/

[55] Fishkin R. How to Get Content into the Hands of Influencers Who Can Help Amplify It - Whiteboard Friday[OL]. [2016-12-10]. https://moz.com/blog/content-influencers-who-can-help-amplify-it-whiteboard-friday

[56] Prahalad C. K., Ramaswamy V. 2004. Co-creation experiences: the next practice in value creation. Journal of Interactive Marketing, 18:5‐14.

[57] The Keller Fay Group. 2007. Word of Mouth Marketing Research Symposium

[58] Chabot N. The New Cross-Functional Influencer Program[OL]. [2016-12-10]. http://www.traackr.com/blog/the-new-cross-functional-influencer-program

[59] Chabot N. The New Cross-Functional Influencer Program[OL]. [2016-12-10]. http://www.traackr.com/blog/the-new-cross-functional-influencer-program

[60] Augure. The State of Influencer Engagement in 2015[OL]. [2016-12-10]. https://www.launchmetrics.com/resources/blog/state-influencerengagement

[61] McCormick R. PewDiePie and other YouTubers took money from Warner Bros. for positive game reviews[OL]. [2016-12-10]. http://www.theverge.com/2016/7/12/12157310/pewdiepie-youtubers-sponsored-videos-ftc-warner-bros

[62] Federal Trade Commission. Warner Bros. Settles FTC Charges It Failed to Adequately Disclose It Paid Online Influencers to Post Gameplay Videos[OL]. [2016-12-10]. https://www.ftc.gov/news-events/press-releases/2016/07/warner-bros-settles-ftccharges-it-failed-adequately-disclose-it

[63] Verlaan D. Vloggers aangepakt: reclame voor kinderen wordt verboden[OL]. [2016-12-10]. http://www.rtlnieuws.nl/nederland/vloggers-aangepaktreclame-voor-kinderen-wordt-verboden

[64] Maes H. Bloggers en online influencers - Waar moet je je aan houden?[OL]. [2016-12-10]. https://www.dailybits.be/item/blogger-online-influential-regels/

[65] Google Webspam Team. Best practices for bloggers reviewing free products they receive from companies[OL]. [2016-12-10]. https://webmasters.googleblog.com/2016/03/best-practices-for-bloggers-reviewing.html

[66] Bughin J., Doogan J., Vetvik O.L. A new way to measure word-of-mouth marketing[OL]. [2016-12-10]. http://www.mckinsey.com/business-functions/marketing-and-sales/our-insights/a-new-way-to-measure-word-of-mouth-marketing